perfis brasileiros

Títulos da Coleção Perfis Brasileiros

Antônio Vieira, Ronaldo Vainfas
Castro Alves, Alberto da Costa e Silva
Cláudio Manuel da Costa, Laura de Mello e Souza
D. Pedro I, Isabel Lustosa
D. Pedro II, José Murilo de Carvalho
General Osorio, Francisco Doratioto
Getúlio Vargas, Boris Fausto
Joaquim Nabuco, Angela Alonso
José Bonifácio, Miriam Dolhnikoff
Leila Diniz, Joaquim Ferreira dos Santos
Nassau, Evaldo Cabral de Mello
Roberto Marinho, Eugênio Bucci
Rondon, Todd A. Diacon

Getúlio Vargas

por
Boris Fausto

6ª *reimpressão*

coordenação
Elio Gaspari e Lilia M. Schwarcz

COMPANHIA DAS LETRAS

copyright © 2006 by Boris Fausto

Grafia atualizada segundo o Acordo Ortográfico da Língua Portuguesa de 1990, que entrou em vigor no Brasil em 2009.

capa e projeto gráfico
warrakloureiro

foto da capa
Campanha de Getúlio Vargas
em Londrina, Paraná, 1950 [Acervo Iconographia]

pesquisa iconográfica
Carlito de Campos / Cia. da Memória
Ricardo Pereira / Cia. da Memória

índice onomástico
Luciano Marchiori

preparação
Denise Pessoa

revisão
Carmen S. da Costa
Ana Maria Barbosa

atualização ortográfica
Verba Editorial

Dados Internacionais de Catalogação na Publicação (CIP)
(Câmara Brasileira do Livro, SP, Brasil)

Fausto, Boris
    Getúlio Vargas: O poder e o sorriso / Boris Fausto. —
São Paulo: Companhia das Letras, 2006.

    ISBN 978-85-359-0814-5

    1. Brasil – História – República Velha, 1889-1930 2. Brasil – História – 1930 3. Vargas, Getúlio, 1883-1954 I. Título.

06-2080   CDD 923.281

Índice para catálogo sistemático:
1. Brasil: Políticos: Biografia 923.281

Todos os direitos desta edição reservados à
EDITORA SCHWARCZ S.A.
Rua Bandeira Paulista, 702, cj. 32
04532-002 — São Paulo — SP
Telefone: (11) 3707-3500
www.companhiadasletras.com.br
www.blogdacompanhia.com.br
facebook.com/companhiadasletras
instagram.com/companhiadasletras
x.com/cialetras

Getúlio Vargas
O poder
e o sorriso

O autor agradece a Lilia Moritz Schwarcz
e a Elio Gaspari pelas sugestões
extremamente úteis apresentadas à primeira
versão do texto; e a Angela Castro Gomes,
Celina Vargas do Amaral Peixoto e
Jorge Ferreira pelas indicações bibliográficas.

Sumário

1. Os anos de formação e a experiência regional 11
2. Os primeiros anos de governo: o poder e a incerteza 42
3. O Estado Novo: a modernização autoritária 89
4. A "volta nos braços do povo" e o suicídio 156
5. Getúlio após a morte 193

Cronologia 205
Referências bibliográficas 215
Bibliografia 221
Índice onomástico 229

1. Os anos de formação e a experiência regional

Quando Getúlio Vargas nasceu, em 1882, o Brasil era ainda uma monarquia, batizada pomposamente de Império, quem sabe numa tentativa de ocultar suas muitas fragilidades e contradições. Dentre elas, avultava a persistência da escravidão, embora àquela altura fosse claro que o sistema escravista, tido como natural desde a colônia, vivia seus últimos tempos.

Como se dizia na época, aquele país de apenas cerca de 17 milhões de habitantes, com amplas porções de seu território ainda inexploradas, era essencialmente agrícola. Havia diversidade de produtos do campo, mas o café despontava como o grande item de exportação. Para dar uma saída ao problema da força de trabalho, a imigração subsidiada ganhara ímpeto, com destino às fazendas do centro-sul.

A vida urbana era representada por umas poucas cidades, com a capital do país à frente. Mas mesmo no Rio de Janeiro ainda não começara um período de urbanização, de plena afirmação dos costumes europeus, restritos às classes altas, que só se tornaria nítido na virada do século. A precariedade do abastecimento de água, a lentidão dos bondes puxados a burro, a devastação produzida pela febre amarela e pela varíola sobrepunham-se a certo progresso e ao encanto da vegetação tropical.

Pouco mais de 72 anos depois, quando Getúlio morreu, o país tinha se transformado. A população ultrapassara os 50 milhões de habitantes, a industrialização se afirmava, contando com a mão de obra gerada pelas grandes migrações internas, a partir das pequenas cidades e do campo, de Minas Gerais e do Nordeste. O saneamento básico fizera progressos, e não só a capital da República, mas também outras grandes cidades, como São Paulo, destacavam-se por sua intensa atividade, em tempos de índices confortáveis de segurança pública. Em espaços antes praticamente vazios ou habitados por tribos indígenas, como o oeste do estado de São Paulo, agora se desenvolviam atividades produtivas, o que não quer dizer que os imensos vazios e os territórios indígenas tivessem deixado de existir em outras regiões do país. É preciso ressalvar, porém, que graves e renitentes problemas não tinham sido superados, e haviam surgido novos. Eram e ainda são os de sempre: a pobreza, a desigualdade social, a carência de educação e de saúde. Em poucas palavras, o progresso era real, e os inúmeros problemas também.

Getúlio teve muito a ver com essas transformações, embora várias delas constituíssem processos sociais que não podem ser personalizados. Afinal, ele governou o país por mais de dezoito anos, de várias formas: como ditador, presidente por eleição indireta e presidente por eleição direta.

Em torno de sua personalidade e de sua ação política, ergueram-se um culto e uma repulsa. O culto foi tecido com a imagem do homem que esteve à frente das transformações econômicas e sociais, como um nacionalista que resistiu aos trustes estrangeiros, como o primeiro estadista a vir em socorro dos "humildes", implantando no país uma legislação trabalhista. A repulsa batia em teclas pessoais — a frieza, o caráter dissimulado — e em traços negativos do homem público, entre eles o autoritarismo, que atingiu sua forma plena no Estado Novo, e a manipulação assistencialista dos trabalhadores.

A origem regional de Getúlio foi também fonte das imagens opostas. As peculiaridades do Rio Grande do Sul foram associadas por muitos a uma série de virtudes, entre as quais a gestão mais limpa da coisa pública. Não por acaso, os líderes gaúchos da revolução de 1930 enfatizaram que seu estado estava à frente de um movimento cívico destinado a regenerar o Brasil. Para outros, entretanto, o Rio Grande era uma terra bárbara, semeada de violências perpetradas por bandos armados conduzidos por seus chefes. Daí saltou-se para a personalização: Getúlio, segundo seus inimigos, não passava de um caudilho dos pampas, e seu polimento não ia além de um enganoso verniz.

Quem foi esse homem, na definição de seus traços psicológicos, de sua vida familiar, de suas ideias e, principalmente, de suas ações políticas? Um ser dissimulado, que escondia seus propósitos e ambições, ou apenas um personagem reservado? Um homem acossado por ameaças reais ou imaginárias, ou um governante seguro de seu poder? Um ditador fascista, ou um político pragmático que agia de acordo com as condições de sua época? Um benfeitor dos trabalhadores e dos "humildes", ou um manipulador das grandes massas? As respostas a estas e muitas outras perguntas não são simples, mas trilhar o caminho da combinação das alternativas propostas, evitando o maniqueísmo, nos levará a conhecer melhor a figura de Getúlio.

Um dos paradoxos de sua personalidade chama logo a atenção. O governante que mais do que qualquer outro combateu o regionalismo e a autonomia dos estados, em nome da centralização do poder, nunca deixou de ser um gaúcho. Foi no clima social e político do Rio Grande do Sul que formou muitas de suas concepções, nutriu aversões e criou amizades que iriam constituir seu círculo de íntimos. Também os hábitos arraigados dizem muito a esse respeito. Por exemplo, ao ser destituído da Presidência da República, em 1945, Getúlio retornou para sua fazenda no Rio Grande e, livre dos constrangimentos protocolares, voltou a usar bombachas e botas de couro e a sorver o chimarrão, que, aliás, nunca abandonara inteiramente.

Para tentar entender a figura de Getúlio é preciso, pois, ter ao menos uma noção da "peculiaridade gaúcha", que vem dos tempos da colônia e chega aos nossos dias. Vivendo em uma área de fronteira com os domínios da Coroa espanhola, a gente do então chamado Rio Grande de São Pedro se destacou pelos contatos e lutas com seus vizinhos, tendo derivado deste último fator a importância dos quadros militares formais e informais.

Assim, nos últimos anos da colônia e no curso do Império, o Rio Grande esteve envolvido em extensos conflitos externos: as intervenções armadas de d. João VI e d. Pedro I, pela posse da província Cisplatina; a chamada "guerra grande", contra Oribe, no Uruguai, à qual se seguiu a travada contra Rosas (1848-52) e a Guerra do Paraguai (1864-70).

Por outro lado, o Rio Grande diferenciou-se de outras regiões dinâmicas do país, como o Nordeste açucareiro, nos tempos coloniais, e o complexo cafeeiro do centro-sul, a partir do século XIX, pela importância da produção voltada para o mercado interno, como é o caso dos couros e sobretudo do charque — carne-seca consumida essencialmente nos centros urbanos pela população escrava e os pobres em geral. Ao mesmo tempo, os imigrantes alemães e depois os italianos, que acorreram à província ao longo do século XIX, após uma fase em que tiveram de limitar-se a uma agricultura e a uma criação de subsistência, passaram a fornecer produtos como arroz, banha, milho e trigo às cidades do Rio Grande e de outras regiões do país.

Do ponto de vista político, a província destacou-se pelas correntes que defendiam sua autonomia e se ressentiam do que consideravam ser o descaso e as injustiças do poder central. A expressão mais alta da insatisfação foi a Revolução Farroupilha, que se estendeu de 1835 a 1845, lutando por reivindicações federalistas e republicanas. Ainda que a adesão à revolução não fosse total, a Farroupilha tornou-se um dos mitos mais expressivos da identidade gaúcha, evocada todas as vezes que o Rio Grande do Sul emergiu com uma feição própria no cenário nacional.

No tocante à constituição de partidos políticos, a província também tinha traços peculiares, pela diferenciação mais clara, no Império, entre o Partido Liberal e o Partido Conservador. Enquanto os conservadores vinculavam-se ao poder central, os liberais levantavam a bandeira do federalismo e da descentralização, com forte apelo entre os estancieiros gaúchos. Dois nomes ganharam relevo entre os chamados liberais históricos: Manuel Luís Osório — o general Osório — e principalmente Gaspar Silveira Martins, estancieiro em Bagé, proprietário de terras no Uruguai, figura carismática com grandes dotes de oratória. Crítico sem meias palavras do reinado de d. Pedro II, tornou-se figura popular entre os jovens, na qualidade de deputado federal, ao defender eleições diretas, responsabilidade ministerial, descentralização da autoridade, plena liberdade de culto e a emancipação dos escravos. Desse programa progressista não se deve deduzir um apego de Silveira Martins às fórmulas democráticas. Se ele afirmava, em suas críticas à monarquia, ser o "governo tudo, o parlamento nada, e o povo mais que nada", era ao mesmo tempo um rígido disciplinador, orgulhoso de conduzir o Partido Liberal gaúcho "como um regimento de Frederico, o Grande".

O republicanismo introduziu um elemento novo nas disputas entre liberais e conservadores, nos últimos anos do Império. A rigor, descontadas algumas incipientes tentativas, o movimento chegou tarde ao Rio Grande do Sul: mais de onze anos mediaram entre a fundação do Partido Republicano do Rio de Janeiro, em 1870, e a do Partido Republicano Rio-grandense (PRR), constituído em fevereiro de 1882. E aí surge outra peculiaridade gaúcha: a forte influência das ideias de Augusto Comte entre os membros do PRR, a exemplo do que ocorreu com movimentos modernizadores, ao mesmo tempo avessos a mobilizações sociais, em vários países da América Latina. Comte (1798-1857), pensador francês discípulo de Saint-Simon, foi a figura central do positivismo. Essa corrente, em oposição ao idealismo da primeira metade do século XIX, ganhou considerável irradiação no mundo ocidental. Sob a influência do grande avanço das ciências naturais na época de sua aparição, o positivismo tratou de aplicar o rigor científico no campo da sociedade e da política. Comte imaginou uma sucessão de ciências que se tornaram "positivas" ao longo da história, partindo das matemáticas até chegar à física social, ou seja, a sociologia, expressão que ele consagrou. À sociologia estaria destinado o papel fundamental de estudar as condições gerais de toda a vida da sociedade e de sua evolução, coroando o edifício científico. Sua concepção evolucionista, do progresso dentro da ordem, sintetizou-se na chamada lei dos três estados, segundo a qual a humanidade teria passado pelo estado teológico, pelo estado metafísico, chegando finalmente às portas do estado positivo.

Defensor da incorporação do proletariado à sociedade moderna, pela via de uma legislação protetora, Comte era um adversário do liberalismo e da democracia, considerados doutrinas metafísicas. Sua concepção de poder foi marcada por um nítido elitismo, pretendendo atribuir o comando da sociedade positiva ao poder temporal — industriais e banqueiros — e ao poder espiritual, situado em nível superior, constituído pelos sábios, tendo à sua testa o grão-sacerdote da humanidade.

No Brasil, afora sua conhecida penetração no âmbito do Exército, a doutrina positivista só alcançou grande influência, entre as elites civis, no caso do Rio Grande do Sul. Sua figura maior foi Júlio de Castilhos, uma espécie de Robespierre gaúcho, determinado, autoritário e incorruptível. Embora fosse filho de um estancieiro da região serrana, Castilhos teve infância e juventude difíceis, entre oito irmãos, e seu pai morreu quando ele tinha apenas onze anos. Apesar de seus escassos recursos oratórios — um importante trunfo nas condições da época — e da baixa estatura, destacou-se nas páginas de A *Federação*, jornal republicano do qual foi editor. Por suas ideias e temperamento, Castilhos gerou lealdades inabaláveis e ódios profundos. O positivismo castilhista era uma versão pragmática da ideologia comtiana, instrumentalmente adaptada à realidade gaúcha e brasileira. Defendia a ditadura republicana, sob a forma de um governo em que o Executivo fosse dotado de extensos poderes, assessorado apenas por uma câmara de representantes das atividades profissionais, que votariam os tributos e o orçamento, na linha de "Apelo aos conservadores", ensaio de Augusto Comte. Defendia também a tese da liberdade irrestrita no exercício das profissões, não sujeita à obtenção de diplomas. A Constituição estadual de 14 de julho de 1891, entre outros preceitos, dotou o Executivo de extensos poderes, inclusive legislativos; previu a possibilidade de reeleição; declarou "livre o exercício de todas as profissões de ordem moral, intelectual e industrial"; estendeu aos "simples jornaleiros" as vantagens de que gozavam os funcionários públicos; e estabeleceu uma estrita separação entre Igreja e Estado. Na prática, Castilhos e seus seguidores, apesar da adesão aos princípios comtianos, não seguiram os preceitos do mestre ao atentar seguidamente contra a liberdade de expressão, como demonstra a perseguição encarniçada aos opositores. Nesse e em outros aspectos, "a doutrina científica da política" cedia às realidades da política oligárquica, tratando de garantir a perpétua permanência do PRR na cúpula do poder regional.

Na área econômica, em harmonia com a centralidade do Executivo, os positivistas gaúchos defendiam a intervenção do Estado, condicionada ao interesse social, que deveria prevalecer sempre que houvesse conflito com os interesses individuais. Se o intervencionismo na defesa de produtos vitais de exportação — em primeiríssimo lugar o café — foi um dos traços característicos da Primeira República, é certo que a crítica ao *laissez-faire*, por parte do PRR, teve caráter doutrinário, além de pragmático, bem menos frequente em outras regiões. Nessa linha, a partir de 1912, o estado do Rio Grande do Sul empreendeu uma intensa atividade que culminaria com a encampação de uma parte da rede ferroviária, assim como dos serviços portuários de cidades como Rio Grande e Porto Alegre, essenciais para incentivar o comércio exterior.

No setor financeiro, os positivistas gaúchos defenderam uma política responsável, que deveria traduzir-se em orçamentos equilibrados e no combate à inflação. O último objetivo tinha também razões bastante pragmáticas, tendo em vista o fato de que a alta do custo de vida restringiria a demanda, nos maiores centros urbanos, de bens produzidos no Rio Grande. Por exemplo, a política emissionista de Ruy Barbosa, ministro da Fazenda do primeiro governo republicano, foi fortemente combatida pelos representantes gaúchos no Congresso.

Quando foi proclamada a República, o PRR era minoritário na então província do Rio Grande. Embora Castilhos e Assis Brasil, entre outros, tivessem contatos e boas relações com o marechal Deodoro, sua influência na articulação do golpe republicano foi insignificante. Logo após o 15 de novembro, o marechal abriu espaço para o PRR ao mandar prender e exilar Silveira Martins, sob a acusação de envolvimento em uma conspiração monárquica. Desse modo, Deodoro favorecia o PRR, mas ao mesmo tempo potencializava as divergências regionais.

Os primeiros tempos da República foram marcados por profunda instabilidade política, com uma rápida sucessão de presidentes, até a eleição de Júlio de Castilhos, nas eleições diretas de novembro de 1892. Mas a eleição de Castilhos não estabilizou o quadro político. Ao contrário, agravou os descontentamentos, que chegaram ao ponto de fervura, desembocando na Revolução Federalista de 1893. A revolução foi de uma violência inaudita, caracterizando-se, entre outros horrores, pela degola sumária dos prisioneiros. Ela deixou uma fratura profunda na política rio-grandense, sintetizada na divisão entre chimangos e maragatos. "Chimango" — uma ave de rapina comum no Prata —, ou mais raramente "pica-pau", era a designação pejorativa dada pelos federalistas aos republicanos. Estes, por sua vez, a partir da revolução de 1893, passaram a chamar seus adversários de "maragatos", aparentemente porque uruguaios que acompanharam os rebeldes, a partir da fronteira sul, provinham de um departamento do Uruguai colonizado por espanhóis provenientes de Maragateria, na província de León. Os federalistas se apropriaram desse epíteto, cujo objetivo era mostrar que eles não eram propriamente brasileiros, mas gente da fronteira, e passaram a ostentá-lo com orgulho.

A fratura radical, por várias décadas, tem muito a ver com a cultura política da região e com a constituição de famílias políticas de um lado e de outro. Isso não quer dizer que não existissem claras diferenças programáticas e mesmo de base social entre chimangos e maragatos. Os maragatos tinham como corrente fundamental os federalistas, juntando-se a eles dissidentes do PRR, cuja figura proeminente era Assis Brasil, fundador do Partido Republicano Democrático (PRD), em 1908. Se o partido não era forte, a figura de Assis Brasil — cunhado de Júlio de Castilhos, a quem se referiu certa vez como um "cínico oportunista" — era, entretanto, muito representativa. Grande estancieiro, culto, cosmopolita, ao contrário dos líderes do PRR, Assis Brasil foi um aristocrata liberal. Crítico do castilhismo, defendia a plena representação da cidadania, a garantia de representação das minorias, a eliminação da fraude, a imparcialidade da justiça, a centralidade do Legislativo na elaboração das leis. Ao longo do tempo, passou a sustentar com maior ênfase a necessidade do voto secreto e obrigatório como instrumento essencial da representação. No tocante ao regime político, divergia dos federalistas. Enquanto estes, seguindo a tradição do Império, eram parlamentaristas, Assis Brasil defendia o presidencialismo.

 Socialmente, os maragatos tiveram sua maior base entre os estancieiros ricos e tradicionais da região da Campanha, situada no sul do estado. Tem-se sugerido também que a maioria dos fundadores do PRR atraía fazendeiros menos privilegiados do norte da província. Na zona colonial, habitada sobretudo por imigrantes, os chimangos tiveram grande influência, pois, ao deter o poder, estavam em condições de colocá-los sob suas asas, concedendo-lhes favores, entre os quais se incluía a concessão de terras. Desse modo, eles reverteram a simpatia pelos maragatos que vinha na esteira dos liberais do Império, defensores da liberdade de culto, tema particularmente sensível aos imigrantes de religião protestante. Nos maiores centros urbanos, os republicanos foram majoritários, entre outros fatores pela influência que a pregação da moralidade administrativa exercia na classe média. Um fato a destacar são os laços estreitos que os republicanos criaram com setores do Exército. Esses laços, acrescidos de uma poderosa brigada militar (força estadual) e ainda dos chamados provisórios — milícias civis, chefiadas pelos caudilhos políticos —, garantiram o domínio do PRR, numa combinação de favores e coerção.

Getúlio Vargas nasceu poucos meses depois da fundação do PRR, em 19 de abril de 1882, na Fazenda Triunfo, a trinta quilômetros de São Borja. Por muito tempo constou, em documentos históricos e registros oficiais, o ano de 1883 como sendo o de seu nascimento. Hoje está esclarecido o fato de que ele próprio, na juventude, alterou a data, apresentando uma certidão militar rasurada ao ingressar na Faculdade de Direito de Porto Alegre, em 1904. São Borja situa-se no setor da região da Campanha conhecido como distrito das Missões, onde os jesuítas assentaram, no século XVII, os estabelecimentos destinados à catequização dos índios guaranis, sustentados pela criação de gado e pela produção da erva-mate. Entre os Sete Povos das Missões, como eram denominados, todos com nomes de santos, incluía-se São Francisco de Borja, ou mais simplesmente São Borja, na margem ocidental do rio Uruguai. A aldeia iria se converter em cidade de fronteira, contemplando, do outro lado do rio, São Tomé, pequena cidade argentina. São Borja fica a cerca de seiscentos quilômetros de Porto Alegre, uma distância considerável no início do século XX, quando se levam em conta as dificuldades de comunicação. Apesar dessa distância, São Borja não era um burgo perdido na fronteira, alheio à política do país. Por exemplo, em janeiro de 1888, sua câmara municipal aprovou uma resolução na qual propunha uma consulta aos governos locais para determinar se haveria ou não um terceiro reinado após a morte de d. Pedro II. A câmara foi dissolvida, e os republicanos exploraram ao máximo o caso, exigindo um plebiscito nacional sobre a questão.

Do lado paterno, a família de Getúlio, segundo seu filho Lutero, era originária de uma pequena localidade denominada Vargas, perto de Toledo, na Espanha. O grupo transferira-se para os Açores, e daquele arquipélago alguns de seus membros emigraram em meados do século XVIII para o Brasil, onde se transformaram em uma família tradicional de elite, em que predominavam os estancieiros. O tronco materno, dos Dornelles, descendia também de colonos açorianos. Quase todos estiveram envolvidos nos confrontos guerreiros e nas lutas políticas de seu tempo. A política, a história dos fastos familiares, desde cedo integrou a vida de Getúlio, de tal sorte que é preciso ceder, neste caso, à tentação das frases feitas, mas verdadeiras, para afirmar que a política estava em seu sangue. Seu avô paterno, Evaristo José Vargas, lutou como soldado voluntário da República de Piratini; o pai, Manuel do Nascimento Vargas, combateu na Guerra do Paraguai, distinguindo-se por seus feitos. Ingressou na guerra como simples cabo e terminou como tenente-coronel, tornando-se fazendeiro em São Borja. Em 1872, casou-se com Cândida Dornelles, com quem teria cinco filhos: Viriato, Protásio, Getúlio, Espártaco e Benjamim, nessa ordem. Tornou-se chefe político do PRR em São Borja e, após a proclamação da República, em 1893, combateu ao lado de Júlio de Castilhos e do poder central contra os federalistas. Com a vitória governamental, Manuel Vargas foi promovido a coronel por Floriano Peixoto e a general de brigada por Prudente de Morais, tendo sido também intendente (prefeito) de São Borja.

O casamento de Manuel Vargas com Cândida Dornelles introduziria no âmbito da família, por via indireta, o choque entre chimangos e maragatos. Se os Vargas eram estritamente ligados ao PRR, a situação era diversa no tocante aos Dornelles. Dinarte Dornelles, tio de Getúlio, destacou-se como líder federalista em São Borja, e suas tropas se bateram contra os republicanos na Revolução de 1893. Getúlio, porém, não se dilacerou com essa divisão. Ao contrário, pelo muito que tinha de violenta e de negativa, talvez ela tenha mesmo contribuído para sua tendência à conciliação, marca — ainda que não exclusiva — de seu talento político.

Mas estamos ainda nos tempos da infância e da adolescência de Getúlio, que tomaram novo rumo quando ele, depois dos estudos primários, aos dezesseis anos, foi estudar em Ouro Preto, onde já se encontravam seus irmãos mais velhos, Viriato e Protásio. Na época, a cidade era ainda a capital de Minas Gerais e rivalizava com outros centros urbanos pelo número e a qualidade de suas escolas, a tal ponto que gente de vários estados enviava seus filhos para ali estudar. Um crime provocaria, no entanto, o pronto retorno de Getúlio a Porto Alegre. Numa briga de rua, Viriato, que estava acompanhado de Protásio e de dois amigos gaúchos, matou a tiros um jovem paulista de família tradicional, Carlos de Almeida Prado.

O crime não tem significação apenas no plano episódico. Se outros motivos podem ter existido — Alzira Vargas, em seu livro filial *Getúlio Vargas, meu pai*, refere-se a essa briga como disputa por uma namorada —, ele exemplifica, na sua singularidade, as rivalidades regionais, típicas da Primeira República. Na troca de provocações entre estudantes rivais, Almeida Prado ofendera a gauchada, bradando, entre outras coisas, que "chimangos e maragatos eram mingau do mesmo prato, lambedores de botas, comedores de tripas". Viriato escapou, com a ajuda de Benjamim Torres, um estudante de medicina que viria a residir em São Borja depois de formado. Após perambular por Mato Grosso, Viriato refugiou-se por uns tempos no Paraguai. Ferido num braço, Protásio

— personagem problemático, com a biografia associada a uma série de violências — foi processado em Porto Alegre, mas não chegou a ir a júri, contando com a proteção de Júlio de Castilhos e Pinheiro Machado.

Seguiram-se, a partir de 1898, os anos em que Getúlio esboçou uma carreira militar, com algumas interrupções, até abandonar definitivamente o Exército em 1903 e, no ano seguinte, ingressar na Faculdade de Direito de Porto Alegre. Nos primeiros anos do século xx, Porto Alegre era ainda uma cidade modesta, com seus 70 mil habitantes, fornecimento irregular de luz elétrica, sem água encanada nem sistema de esgoto. Entretanto, se não se comparava, nem de longe, à capital da República, tinha muito brilho quando comparada a São Borja, ostentando algumas faculdades, pensões de estudantes, livrarias, teatros e bordéis. Dentre as pensões, destacava-se a de propriedade do "seu Medeiros", onde Getúlio foi morar. Era uma vasta república de estudantes, que ali realizavam festas e também reuniões políticas. Nesse meio ele construiu sociabilidades e relações que, em sua grande maioria, duraram a vida inteira. Com o tempo, adquiriu o gosto pela leitura e pela frequência às livrarias, sendo leitor de Flaubert e Balzac, admirador de Spencer e, principalmente, de Saint-Simon.

A morte prematura de Júlio de Castilhos, em 1903, vítima de um câncer na garganta, inaugurou o culto de sua figura e abriu caminho para que dois nomes principais passassem a dirigir o PRR: Pinheiro Machado e Borges de Medeiros. Nascido em 1851, combatente na Guerra do Paraguai, Pinheiro dedicou-se à política nacional desde sua eleição ao Senado, nos primeiros anos do século xx. Controlando a Comissão de Verificação de Poderes, que podia referendar ou "degolar" candidatos eleitos, tornou-se uma espécie de protetor dos estados do Nordeste, convertidos em satélites da política gaúcha. Em 1910, chegou mesmo a fundar um partido oligárquico, com pretensões nacionais: o Partido Republicano Conservador. O controverso Pinheiro era odiado por grupos da classe média carioca e alguns setores da elite política, que o encaravam como um "bárbaro, proveniente de um estado que era só vagamente brasileiro". Num contexto de acusações inflamadas, acabou sendo assassinado na capital da República, em 1915, por Manso de Paiva, um pedreiro gaúcho desempregado e aparentemente com problemas mentais. Mesmo durante seus longos anos de cadeia, sempre afirmou ter agido por conta própria e nunca se conseguiu apurar a existência de mandantes do crime.

Borges de Medeiros, dez anos mais jovem que Pinheiro, dedicou-se essencialmente à política do Rio Grande, tendo sido presidente do estado por cinco vezes. Com a morte de Pinheiro, acabou por lançar-se também no plano nacional, ainda que sem a mesma ousadia do senador assassinado. As relações entre Getúlio e Borges foram longas e contraditórias. Padrinho político de Getúlio — este, um afilhado que nunca foi subserviente —, indispôs-se com ele, logo após a revolução de 1930, ao jogar suas fichas nos partidos gaúchos, ao estilo da República oligárquica. Acabou ficando ao lado dos paulistas na revolução de 1932. Preso e confinado em Pernambuco, beneficiou-se da anistia decretada por Getúlio, elegendo-se, em 1933, à Assembleia Constituinte, na qual se destacou pelas críticas ao presidente. Mas acabou sua carreira política sob as asas de Getúlio, ao manifestar apoio à instauração do Estado Novo, em 1937.

Getúlio emergiu pela primeira vez na política do Rio Grande em 1907, quando se abriu uma dissidência no PRR, contrária à indicação de Carlos Barbosa Gonçalves a presidente do estado, por determinação de Borges de Medeiros. Um grupo de estudantes de direito, a partir de uma reunião realizada na Pensão Medeiros, formou o bloco castilhista, em apoio ao candidato oficial, reunindo nomes que, em graus variáveis de importância, seriam personagens centrais da cena política nacional. Dentre eles, começando pelos civis, Getúlio em primeiro lugar, João Neves da Fontoura, Maurício Cardoso, Firmino Paim Filho. Dentre os militares, dois cadetes da Escola de Guerra de Porto Alegre: Pedro Aurélio de Góis Monteiro e Eurico Gaspar Dutra. Esse grupo estaria intimamente ligado à carreira de Getúlio, sustentando-o na maioria das vezes, divergindo dele ou rompendo relações em certas ocasiões. A *entourage* getulista, ainda nos tempos do Rio Grande, seria acrescida por figuras como Flores da Cunha, Osvaldo Aranha e Lindolfo Collor, todos bacharéis em direito, com exceção do último, formado em farmácia. Nascido em 1880, Flores era o mais velho do grupo, e Collor, a figura mais original. Filho de descendentes de colonos alemães, de origem pobre — o pai era sapateiro e músico —, aproximou-se do PRR pelas mãos protetoras de Pinheiro Machado. Todos se formaram politicamente no PRR, sendo Osvaldo Aranha uma relativa exceção, pois até a sucessão estadual de 1922 simpatizou com a oposição libertadora.

As afinidades e os interesses comuns juntaram homens de temperamentos bastante diferentes: em um extremo, o sorumbático Paim Filho, na expressão de João Neves; no outro, os flamantes Flores da Cunha e Osvaldo Aranha. Getúlio se situava num plano diverso: introvertido, cauteloso na fala, mas sabendo usá-la na ocasião oportuna, o que lhe valeu muitas vezes a acusação ou o elogio, conforme o caso, de ser mestre na arte da dissimulação. A atividade de Getúlio no bloco castilhista impressionou Borges de Medeiros, tanto por seus escritos quanto por sua oratória. Depois de concluir os estudos, ele obteve das mãos do chefe do PRR a nomeação para o cargo de promotor público, e logo a seguir a indicação como candidato à Assembleia de Representantes, como era chamada então a Assembleia Legislativa. Foi deputado estadual em sucessivos mandatos, entre 1909 e 1922, à exceção de uma única legislatura, em 1913, quando renunciou em protesto contra a intervenção de Borges de Medeiros nas eleições de Cachoeira (atual Cachoeira do Sul), cidade de influência de alguns políticos locais, entre eles João Neves da Fontoura. Borges obrigara os eleitos, que não eram de seu agrado, a renunciar aos cargos e levou a sério a ruptura, incentivando a disputa do controle político de São Borja, cujo intendente era Viriato Vargas, por um grupo adversário dos Vargas, encabeçado por Rafael Escobar e Benjamim Torres. Este, de protetor de Viriato, convertera-se em seu inimigo, aparentemente por causa de uma pendenga envolvendo ciúme recíproco com relação às respectivas mulheres. Getúlio tratou de guardar distância dessas complicações, mas defendeu o irmão quando veio à baila o crime de Ouro Preto. Na sequência das disputas, Benjamim Torres foi assassinado em 1915, ao que tudo indica a mando de Viriato, que deu abrigo aos assassinos, presos em sua fazenda. Ele, porém, refugiou-se na Argentina, aguardando o desfecho de um processo que mais uma vez terminou em absolvição.

Finalmente, a tempestuosa ruptura entre Borges e os Vargas chegou ao fim. O chefe do PRR não criou problemas para Manuel Vargas quando este assumiu a intendência de São Borja. Ofereceu a Getúlio a chefia de polícia de Porto Alegre, que ele recusou. Mas logo depois, em 1917, Getúlio aceitou a candidatura e a eleição para a Assembleia de Representantes, onde foi líder informal da bancada do PRR, pois a ideologia castilhista não admitia a existência desse posto.

Como deputado estadual, Getúlio destacou-se na defesa da gestão de Borges e seus protegidos, que se caracterizou pelo intervencionismo estatal na área da economia e dos serviços sempre que lhes pareceu conveniente. Foi assim quando da encampação dos serviços portuários da cidade de Rio Grande (1919), contestada pelos oposicionistas. No mesmo ano, quando o governo estadual decidiu destinar verbas para a exploração, em Gravataí, de minas de carvão pelo Estado, Getúlio travou um significativo debate com o deputado Gaspar Saldanha, dizendo a certa altura:

> [...] permita-me dizer que vossa excelência está filiado à velha teoria econômica do *laissez faire*, teoria essa que pretende atribuir unicamente à iniciativa particular o desenvolvimento econômico ou industrial de qualquer país, deixando de lado a teoria da nacionalização desses serviços [...], amplamente justificada pelas lições da experiência. [...] nos países novos, como o nosso, onde a iniciativa é escassa e os capitais ainda não tomaram o incremento preciso, a intervenção do governo em tais serviços é uma necessidade real.

No plano familiar, o fato mais importante da vida de Getúlio naqueles anos foi seu casamento com a jovem Darcy Lima Sarmanho, de apenas quinze anos, filha de Antonio Sarmanho, estancieiro e diretor de um banco em São Borja. O "coronel" Sarmanho era homem de grandes empreendimentos, com estreitas relações de negócios em Buenos Aires, para onde viajava constantemente. Sua casa era famosa pelo luxo: toda atapetada e guarnecida de lustres, móveis, louças finas, cortinas importadas; e também pelos banquetes que oferecia, regados a vinhos finos, sob os cuidados de sua mulher, Alzira de Lima Sarmanho. Dentre os antepassados desta, figurava um general, combatente da Guerra do Paraguai, homenageado com uma estátua de bronze na praça principal de São Borja. Darcy e Getúlio formariam um par destinado a exercer os papéis tradicionais das figuras masculina e feminina de seu tempo, ao menos no plano das idealizações. Ele deveria dedicar-se ao mundo da rua, sendo-lhe permitidas, no plano do comportamento, as escapadas ao casamento. Ela deveria ser uma mulher do lar, fiel ao esposo e voltada para a criação dos filhos. Entretanto, as alturas a que chegou Getúlio na vida política fizeram que suas escapadas não fossem assunto assim tão trivial. Por sua vez, Darcy compatibilizaria a vida familiar com os deveres de primeira-dama, participando também da vida pública. Do ponto de vista formal, significativamente, o casamento fugiria às regras da Igreja católica, sendo realizado apenas no registro civil. Dele nasceriam os filhos Lutero, Jandira, Alzira, Manuel Antônio e Getúlio, apelidado de "Getulinho". Alzira, cujos traços lembravam os do pai, recebeu o nome da avó materna. Além dessa semelhança física, dentre todos os filhos, ela era a preferida de Getúlio — a "minha menina", que exerceu funções junto ao pai, como auxiliar de gabinete da Presidência, do começo de 1937 até outubro de 1945. Ele gostava de ouvir suas opiniões progressistas, sempre com uma pitada de paternal complacência. Lutero, formado em medicina, foi quem teve mais visibilidade na área política, como fundador do PTB, deputado federal diversas vezes, sempre ao lado do pai em momentos de apogeu ou de crise. Manuel Antônio (o "Maneco"), que se formou em agronomia, combinou as atividades de fazendeiro com a política regional, tendo sido prefeito de Porto Alegre. Jandira não participou da vida pública e foi uma exceção entre os filhos por não ter se graduado. Getulinho, que concluiu o curso de química industrial, morreu muito cedo, aos 26 anos, em 1943.

Os primeiros passos de Getúlio na carreira política coincidiram com a emergência do Rio Grande no cenário nacional. A partir do triunfo do marechal Hermes da Fonseca, que governou o país no quatriênio 1910-14, graças às articulações e ao apoio dos gaúchos, o estado se projetou na Primeira República como estrela de terceira grandeza. A aliança do café com leite formada por São Paulo e Minas continuava a imperar, mas tinha de levar em conta o estado sulino, fosse como adversário, fosse integrando-o na política oligárquica, sobretudo pela indicação de nomes gaúchos aos ministérios.

No comando do PRR, Borges de Medeiros teve papel central na indicação do paraibano Epitácio Pessoa, em 1919, como candidato de consenso à Presidência da República, após a morte do presidente eleito Rodrigues Alves. Mais ainda, o Rio Grande lançou-se na contenda presidencial de 1921-22, como força oposicionista, recusando-se a apoiar a candidatura de Artur Bernardes, lançada pelo eixo Minas-São Paulo. A dissensão não expressava apenas a disputa personalista no interior do clube de notáveis que caracterizava a Primeira República. O nome de Nilo Peçanha, lançado pelo PRR, tinha maior significado. Nilo era uma figura de origem modesta que, em 1906, fora eleito vice-presidente na chapa de Afonso Pena e assumira a Presidência por alguns meses, após a morte deste. Tinha o apoio das facções dominantes na Bahia, em Pernambuco e no Rio de Janeiro, além de gozar de prestígio no Distrito Federal, na qualidade de velho florianista. Borges escreveu o manifesto da frente opositora — a Reação Republicana —, no qual defendeu um programa monetário e fiscal que reduzisse a inflação e restaurasse a conversibilidade do mil-réis. A Reação Republicana realizou uma campanha à americana, como se dizia na época, percorrendo vários estados e procurando atrair o voto urbano. Nos discursos e pronunciamentos, surgiram ataques ao "imperialismo dos grandes estados" e exigiu-se proteção para os produtos brasileiros de exportação em geral, e não apenas para o café.

Não obstante os lances novelescos que procuraram incompatibilizar Bernardes com os militares, no episódio das cartas falsas, o candidato situacionista venceu e tomou posse. Obediente às regras do sistema oligárquico, Borges aceitou o resultado, à espera de melhor ocasião. Mais ainda, em julho de 1922, quando surgiu a primeira rebelião tenentista, Borges e o PRR colocaram-se ao lado do governo contra a insurreição militar. Um editorial de A *Federação*, com o significativo título de "Pela ordem", condenou o movimento; dias depois o jornal anunciava que o papel opositor do Rio Grande havia terminado.

Mas se houve pacificação no plano federal, ela não ocorreu no âmbito interno do Rio Grande. O domínio do PRR não fora tranquilo ao longo do período que se seguira à Revolução Federalista, porém apenas em 1922 a disputa com a oposição seria mais acirrada, chegando novamente ao confronto armado. Tudo partiu das eleições estaduais de novembro de 1922, em que os opositores, vislumbrando uma possibilidade de vitória, ou mesmo de intervenção no estado com o apoio do governo Bernardes, lançaram a candidatura de Assis Brasil. Assim se formava uma frente de oposição, a Aliança Libertadora, que abrangia o Partido Federalista e agrupamentos menores.

A Aliança Libertadora, entre outros objetivos, opunha-se à perpetuação de Borges de Medeiros, que deveria ser entronizado pela quinta vez no cargo de presidente do estado. Depois de uma disputa bastante tensa, coube a uma comissão composta por três deputados proceder à contagem de votos. Getúlio presidiu a comissão que deu uma ampla vitória a Borges. A oposição tinha razão para impugnar o resultado, embora também utilizasse a fraude sempre que podia. Mas a impugnação era inútil, e o recurso às armas ou a aceitação do veredicto eleitoral surgiam como as únicas opções possíveis. A Aliança optou pela primeira, lançando a revolução em janeiro de 1923. Em situação de inferioridade numérica e de armas, os revoltosos combateram com enorme coragem. Getúlio tomou parte nas primeiras ações governistas, assumindo o comando de um corpo provisório. Mas logo seguiria para o Rio de Janeiro, a conselho de Borges, onde tomaria posse de uma cadeira de deputado federal.

Apesar de muito sangrenta, a revolução terminou com um compromisso — ao contrário do que sucedera em 1895 —, firmado após onze meses de luta, pelo Tratado de Pedras Altas (nome da fazenda de Assis Brasil). A Aliança aceitava a eleição de Borges, mas obtinha algum êxito, com o fim, doravante, da possibilidade de reeleição e de indicação do vice-presidente pelo presidente do estado, além de assegurar a presença da minoria no Legislativo estadual e federal. Se é verdade que nem todos os aliancistas se conformaram com o acordo, ele abria caminho, contudo, para a conciliação, fator de grande importância na futura formação da Aliança Liberal, que lançaria a candidatura de Getúlio às eleições de 1930.

Getúlio fora eleito deputado federal em 1922 para completar o mandato de um deputado que falecera. Reeleito em 1924, aos 42 anos, assumiu a liderança da bancada republicana gaúcha. Ali apoiou a revisão constitucional de 1926, proposta por Bernardes, que aumentava o poder da União em face dos estados, não sem antes conseguir, com a intercessão dos paulistas, que ela fosse amenizada. Coerente com o princípio da rigorosa separação entre Igreja e Estado, manifestou-se contra o ensino religioso nas escolas e integrou brevemente a Comissão de Finanças da Câmara.

A calma sucessão presidencial de 1926 não prenunciou os tempos que estavam por vir. Apoiado por São Paulo e Minas, sem sofrer contestações, Washington Luís — o "paulista de Macaé" — assumiu a Presidência da República. Washington fez vários acenos de aproximação com o Rio Grande, sendo o primeiro presidente eleito da República a visitar o estado em vinte anos. Mais do que isso, seu programa de estabilização financeira era bastante compatível com os princípios do PRR, o que propiciou a nomeação de Getúlio para o Ministério da Fazenda, apesar de seus protestos de que não era especialista no assunto. Especialista ou não, na passagem pelo ministério tratou de implementar uma reforma monetária aprovada pelo Congresso em fins de 1926, que instituía o retorno ao padrão-ouro e criava um fundo de estabilização da moeda.

A passagem de Getúlio pela administração federal foi breve. Em agosto de 1927, foi indicado por Borges como candidato à presidência do Rio Grande, tendo como vice-presidente João Neves da Fontoura. As circunstâncias que cercaram essa eleição foram importantes. Getúlio concorreu sem adversários, não tanto porque os libertadores achassem inútil concorrer, mas porque esperavam que ele promovesse a conciliação partidária. A esperança não era fantasiosa. Fiel ao PRR, há muito ele buscava algum denominador comum na política do Rio Grande. Dera seguidas mostras dessa inclinação desde 1917, quando, na Assembleia, ao manifestar o apoio do governo do estado à declaração de guerra feita pelo Brasil à Alemanha, conclamara os deputados do PRR e do Partido Federalista a superar suas divergências e, "ante o sentimento de perigo comum, unirem-se sob a mesma bandeira". É bem verdade que esse espírito conciliador não se estendia a qualquer situação concreta e era, em grande medida, uma opção tática na condução da política. Por exemplo, quando em 1926 se esboçou um movimento pela anistia dos militares implicados nas rebeliões tenentistas, defendida em princípio por Washington Luís, Getúlio se opôs à medida, afirmando que aos tenentes abriam-se apenas dois caminhos: fugir para o exterior, onde sofreriam privações, ou apresentar-se às autoridades a fim de serem recolhidos à prisão.

Os dois anos de Getúlio na presidência de seu estado foram bastante fecundos. Do ponto de vista político, fez acenos inéditos à oposição — reorganizada em março de 1928 no Partido Libertador (PL) —, incluindo alguns de seus membros na administração. Tomou também medidas para reduzir a fraude eleitoral. Por exemplo, em março de 1929, mandou recontar os votos numa eleição municipal que os libertadores consideraram fraudulenta, permitindo à oposição conquistar uma cadeira a mais na Assembleia dos Representantes. No plano econômico, além de propor uma reforma tributária que resultava em elevação dos impostos, tratou de atender aos vários setores da economia gaúcha, entre eles os produtores de charque e os plantadores de arroz, e saneou as finanças do estado. Esta última referência pareceria estranha, na medida em que o princípio da responsabilidade fiscal era uma das marcas do governo do PRR. Mas a realidade nem sempre se coadunava com os princípios. Apesar da maquilagem dos números no balanço estadual, que o tornava superavitário, a verdade é que o Rio Grande estava à beira da falência, contribuindo para isso os gastos decorrentes das encampações promovidas em 1919 e 1920 e as despesas advindas da revolução de 1923. Getúlio enfrentou o problema e, em junho de 1928, obteve autorização da Assembleia de Representantes, inclusive com o voto da oposição, para contrair um empréstimo no exterior. O empréstimo de 42 milhões de dólares — a maior operação financeira já realizada até então no estado — destinou-se ao resgate e consolidação de dívidas e à criação de um banco com controle majoritário estatal, o Banco do Estado do Rio Grande do Sul (BERGS).

A criação do BERGS expressou sobretudo o reforço do papel do Estado, dinamizando as atividades econômicas, por suas funções creditícias. O grosso de seus recursos, nos primeiros tempos, foi destinado ao setor pecuário, em crise desde o início da década de 1920. Do ponto de vista político, representou um fator que facilitou a crescente aproximação entre governo e oposição. Por exemplo, Assis Brasil, que durante longos anos amargara o boicote dos estabelecimentos creditícios locais, por força das pressões de Borges de Medeiros, captou um considerável empréstimo no BERGS, logo após sua abertura. Ao mesmo tempo, o surgimento do BERGS afetou seriamente os demais bancos, especialmente o Banco Pelotense, que deixou de ser o agente oficial do governo e acabaria indo à falência em 1931. Segundo consta, embora sem maior comprovação, a família Vargas também jamais teria perdoado a diretoria do banco pelo suicídio, em 1921, do sogro de Getúlio, Antônio Sarmanho, gerente do estabelecimento em São Borja, ao ser acusado de desfalque. Sem que pudesse prever, ao ter um papel relevante na pacificação das disputas partidárias gaúchas, Getúlio passava a contar com um importante recurso político na disputa pela Presidência da República nas eleições de março de 1930. O fator desencadeante foi a insistência do presidente Washington Luís no nome do paulista Júlio Prestes para substituí-lo, rompendo o revezamento presidencial do café com leite.

As articulações para o lançamento de uma candidatura de oposição partiram do presidente de Minas Gerais, Antônio Carlos Ribeiro de Andrada, que em janeiro de 1929 acenou com a possibilidade de se lançar um nome gaúcho. Ao saber dessa possibilidade, Getúlio não a recusou, mas recebeu-a com termos evasivos, lembrando os laços de cooperação entre seu governo e a administração federal. Em maio, quando a questão sucessória foi levantada no Congresso, ele foi mais longe. Escreveu uma carta ao presidente dizendo-se alheio às manobras sucessórias e prometendo-lhe o apoio do PRR "no momento preciso".

É impossível dizer se essa atitude de Getúlio correspondia apenas a uma tática, ou se havia sinceridade nela. A segunda hipótese não é nada descabida, quando se leva em conta a hesitação com que Borges, e com ele o PRR, lançou-se afinal numa disputa promovida essencialmente pelo Partido Republicano Mineiro, liderado por Antônio Carlos. Seja como for, os acontecimentos se precipitaram: a opção pela disputa eleitoral se concretizou, e Getúlio foi escolhido candidato. Mesmo assim, em julho de 1929 ele escreveu a Washington dizendo-se disposto a retirar a candidatura se o nome de Júlio Prestes fosse substituído. Como nada resultou da iniciativa, em agosto a oposição lançou a Aliança Liberal, reunindo a ampla maioria das elites políticas de Minas, do Rio Grande e da Paraíba — que obteve a indicação de João Pessoa à Vice-presidência —, além de contar com o Partido Democrático (PD), opositor ao governo em São Paulo e no Distrito Federal. No Rio Grande, formou-se a Frente Única Gaúcha (FUG), na qual se aliavam o PRR e o PL, apenas sete anos após a revolução de 1923. O situacionismo ficava com todos os outros estados e com algumas dissidências, das quais a mais importante era a Concentração Conservadora, de Minas Gerais.

Antes de lançar-se a uma breve mas expressiva campanha nacional, Getúlio autorizou uma jogada secreta. Em dezembro de 1929, Paim Filho, agindo em nome do candidato e à revelia dos aliados e dos demais líderes gaúchos, negociou com Washington Luís um acordo pelo qual Getúlio se comprometia a não sair de seu estado para fazer campanha eleitoral e a apoiar Júlio Prestes caso este saísse vitorioso. Em troca, Washington confirmaria a eventual vitória de Getúlio, garantiria a posse dos deputados eleitos pelo PRR e, na hipótese de vitória situacionista, Júlio Prestes restauraria as boas relações entre o governo federal e o Rio Grande anteriores à disputa presidencial. O acordo era mais uma indicação das disposições conciliatórias de Getúlio e especialmente de Paim Filho, mas nunca chegou a se concretizar.

A plataforma da Aliança Liberal, lida por Getúlio num comício realizado na capital da República, na Esplanada do Castelo, em janeiro de 1930, tinha por objetivo sensibilizar as elites regionais dissidentes, a crescente classe média urbana e mesmo a massa trabalhadora. Defendia a reforma do sistema político, com a adoção, entre outros pontos, do voto secreto e da justiça eleitoral; defendia também as liberdades individuais clássicas e a anistia, com o que acenava para a reconciliação com os tenentes. Tratando da questão social, afirmava que "tanto o proletariado urbano como o rural necessitam de dispositivos tutelares, aplicáveis a ambos, ressalvadas as respectivas peculiaridades". Referia-se a medidas de proteção ao trabalho das mulheres e dos menores, à necessidade de aplicação da lei de férias e à gradativa extensão dos direitos de aposentadoria a todos os assalariados urbanos.

No plano econômico-financeiro, propunha a defesa dos preços de outros produtos de exportação, e não apenas do café; lembrava a necessidade de resolver o problema siderúrgico, vinculando-o a questões de segurança nacional, mas acolhia a distinção tradicional entre indústrias naturais — que utilizavam insumos nacionais — e indústrias artificiais — que utilizavam insumos importados —, condenando medidas protecionistas com relação às últimas. Ao mesmo tempo, Getúlio fazia a enfática defesa do plano de estabilização lançado por Washington Luís, que ele aplicara como ministro da Fazenda, dizendo que "o sucessor do eminente sr. Washington Luís deve manter e consolidar esse plano, pois muito maiores seriam os prejuízos resultantes do seu abandono do que os benefícios, pouco prováveis, que pudessem ser colhidos com a adoção de outra diretriz".

O candidato da Aliança nunca revelara simpatia ou dera maior significado a vários pontos do programa, a começar pelo voto secreto. Não havia nisso nada de estranho. O voto a descoberto é um exemplo de coincidência feliz entre a máxima positivista "viver às claras" e a política autoritária e clientelista do PRR. Os libertadores, tendo à frente Assis Brasil, ao contrário, tinham sido responsáveis no Rio Grande, ao longo da Primeira República, pelas campanhas em favor do voto secreto, proposta ironizada pelos republicanos como uma obsessiva panaceia. Por sua vez, a questão social não estivera, até então, no centro das preocupações de Getúlio. No que diz respeito aos tenentes, vimos já sua posição contra a anistia. Nada disso o impediu, em campanha, de assumir esses objetivos. Mais do que empregar uma figura de retórica, ele disse uma verdade quando, no comício da Esplanada do Castelo, afirmou que sua plataforma "era mais do povo que do candidato".

Ao lado da mobilização de setores civis urbanos, alguns líderes da Aliança Liberal estabeleceram contatos com líderes tenentistas, que já haviam cumprido pena por envolvimento nas ações armadas de 1922 e 1924 ou se encontravam na clandestinidade. Por insistência de seus companheiros, Luís Carlos Prestes viajou clandestinamente a Porto Alegre, onde ocorreram encontros com Getúlio e Osvaldo Aranha, entre o final de 1929 e os dois primeiros meses de 1930. A aliança com os tenentes iria se efetivar, mas Prestes romperia com eles, lançando em maio de 1930 um manifesto em que assumia posições comunistas e denunciava as duas forças em confronto como facções da oligarquia, a serviço ou da Inglaterra, ou dos Estados Unidos.

O êxito dos comícios da Aliança nas maiores cidades superou as expectativas. Na Esplanada do Castelo, uma multidão de pessoas de classe média e trabalhadores expressou grande entusiasmo. Em São Paulo, dias depois, a mesma participação. Havia algo de novo no ar, dessas coisas indefinidas que momentos eleitorais muitas vezes sugerem. Mas o entusiasmo dos comícios se desfez em 1º de março. Numa eleição em que a fraude imperou de ambos os lados, o candidato do governo foi eleito presidente da República, com cerca de 1,1 milhão de votos contra 737 mil, segundo dados oficiais. Apesar dos pesares, as eleições de 1930 registraram o maior nível de comparecimento em toda a história republicana até então, ainda que os números pareçam irrisórios quando comparados aos de hoje: votaram, ainda segundo dados oficiais, cerca de 2 milhões de eleitores, correspondendo a 5,7% da população do país na época.

Tudo parecia voltar à tradicional conciliação. Getúlio apressou-se em dizer que considerava "quixotesca" a continuação da luta. Em entrevista à imprensa, Borges seguiu o mesmo caminho, embora amenizasse depois suas declarações, falando da validade de uma luta parlamentar e doutrinária diante da ameaça de cisão no PRR. A essa altura, um grupo mais aguerrido optou pelo caminho revolucionário. Dele faziam parte o mineiro Virgílio de Melo Franco — figura importante para assegurar o apoio de Minas — e um núcleo gaúcho em que, ao lado de Osvaldo Aranha (o principal articulador), encontravam-se, entre outros, Flores, João Neves e um dirigente do PL, Batista Luzardo. Foram eles que acertaram o acordo com os "tenentes", embora, prudentes, tenham conferido o comando militar da revolução ao então tenente-coronel Góis Monteiro, que havia combatido a Coluna Prestes. Góis Monteiro saltaria vários postos da hierarquia do Exército e depois seria promovido a general.

Getúlio manobrou em meio a marchas e contramarchas, apoiando a conspiração sem muito entusiasmo, a julgar pela atitude de Osvaldo Aranha, no curso dos acontecimentos; ele se demitiu da Secretaria do Interior do Rio Grande e enviou a Virgílio de Melo Franco um telegrama de desabafo: "Estou farto dessa comédia. Impossível continuar sob direção de chefe tão fraco, que desanima os próprios soldados".

A articulação revolucionária ganhou ímpeto com o assassinato de João Pessoa no Recife. O crime não tinha razões políticas, mas se prestou a uma grande exploração dessa natureza. Getúlio, na presidência do Rio Grande, acabou por aderir à conspiração, tratando de dissimular seu envolvimento. Pela primeira vez assumia a perspectiva de ruptura da ordem estabelecida, ele, que estivera sempre do lado do poder, nas lutas renhidas da política rio-grandense. Não foi por acaso que 3 de outubro, início da revolução, foi também a data inicial de um diário seu que se prolongaria até o fim de 1941. Nem foi por acaso que ele ali lançou palavras solenes que, consideradas as condições dramáticas de sua morte, alguns encaram como premonitórias:

Quatro e meia. Aproxima-se a hora. Examino-me e sinto-me com o espírito tranquilo de quem joga um lance decisivo porque não encontrou outra saída digna para seu estado. A minha sorte não me interessa, e sim a responsabilidade de um ato que decide do destino da coletividade. Mas esta queria a luta, pelo menos nos seus elementos mais sadios, vigorosos e ativos. Não terei depois uma grande decepção? Como se torna revolucionário um governo cuja função é manter a ordem? E se perdermos? Eu serei depois apontado como o responsável, por despeito, por ambição, quem sabe? Sinto que só o sacrifício da vida poderá resgatar o erro de um fracasso.

A referência ao "sacrifício da vida" voltaria a aparecer em novembro, já agora num contexto de euforia:

Quantas vezes desejei a morte como solução da vida. E afinal, depois de humilhar-me e quase suplicar para que os outros nada sofressem, sentindo que tudo era inútil, decidi-me pela revolução, eu, o mais pacífico dos homens, decidido a morrer. E venci, vencemos todos, triunfou a revolução!

A revolução estourou em Porto Alegre e Belo Horizonte em 3 de outubro, e um pouco depois no Nordeste, neste caso sob o comando do tenente Juarez Távora. Mas o impulso básico veio do Sul. A palavra de ordem lançada pelos políticos gaúchos — "O Rio Grande de pé, pelo Brasil!" — era mais que uma figura de retórica. Muitas lideranças gaúchas, como lembra Neves da Fontoura em suas memórias, acreditavam-se superiores às do restante do país, aptas a cumprir a missão de reformar os costumes políticos e implantar no governo federal os mesmos padrões da administração rio-grandense.

No plano militar, afora os combates em Belo Horizonte, que duraram cinco dias, a definição do confronto parecia concentrar-se no choque entre as forças arregimentadas em São Paulo e os contingentes gaúchos, que, após controlar o Rio Grande, deslocavam-se, sem encontrar resistência, por Santa Catarina e pelo Paraná, em direção ao Rio de Janeiro. Era um exército composto de tropas regulares e de voluntários que tinham atendido, aos milhares, ao apelo do alistamento.

Getúlio assumiu formalmente o comando das operações e instalou seu quartel-general em Ponta Grossa, na iminência de um choque decisivo que deveria travar-se em Itararé, cidade paulista na divisa com o Paraná. Mas a batalha de Itararé ficou conhecida como a batalha que não houve, inspirando, anos depois, um brilhante humorista, Aparício Torelly, a autodenominar-se "Barão de Itararé". A deposição de Washington Luís pela cúpula militar, em 24 de outubro, abriu caminho para a chegada de Getúlio à capital da República, precedido pela tropa, de chapéu gaúcho na cabeça e uniforme militar. Ele assumiu a Presidência no dia 3 de novembro, enquanto alguns soldados gaúchos foram amarrar seus cavalos no obelisco da avenida Rio Branco, numa cena simbólica, tantas vezes lembrada. Menos conhecida, mas também muito expressiva, é a observação de Getúlio em seu diário em 20 de novembro, na qual se vislumbram traços de revanchismo e a clara referência militar:

> Em vez de o sr. Júlio Prestes sair dos Campos Elísios para ocupar o Catete, entre as cerimônias oficiais e o cortejo dos bajuladores, eu entrei de botas e esporas nos Campos Elísios, onde acampei como soldado, para vir no outro dia tomar posse do governo no Catete, com poderes ditatoriais.

2. Os primeiros anos de governo: o poder e a incerteza

Getúlio chegou à Presidência da República tendo diante de si um quadro complicado, tanto no aspecto econômico quanto no político. A crise mundial iniciada em 1929 teve impacto relativo no desdobramento dos acontecimentos que levaram à revolução de 1930. Ela só atingiu em cheio o Brasil em fins de 1929, e seu impacto condicionou as opções do governo nos anos seguintes. A queda brusca do preço internacional do café comprometeu seriamente as exportações brasileiras; em 1931, o preço correspondia a apenas um terço dos níveis alcançados em 1925-29. Lembremos, porém, que uma acentuada queda nas importações concorreu para atenuar o impacto da contração das exportações na balança comercial. Quanto ao café, a produção crescera em grande escala em anos anteriores, embalada pela certeza de que a política de defesa permanente, instituída pelo estado de São Paulo, garantiria o preço diante das flutuações do mercado. Nos seus últimos tempos, sem perceber o alcance da crise, o governo Washington Luís concorreu para agravar a situação cambial ao tentar defender seu plano de estabilização. Nesse contexto, as divisas se evaporaram, e a crise se instalou no setor financeiro. Era evidente que, em tais circunstâncias, Getúlio não poderia tentar manter a política financeira do presidente deposto, como prometera em seu programa.

Uma especulação contrafactual de como teria se comportado o governo Vargas, caso o quadro internacional não fosse marcado por uma profunda crise, seria um esforço de imaginação. Mas é certo que a crise impôs a adoção de medidas que poderiam eventualmente ter outro tratamento e propiciou, ao mesmo tempo, alternativas econômicas inesperadas. Havia dois problemas básicos: no aspecto econômico, era preciso encontrar uma saída para os estoques de café e ainda planejar o que fazer com a produção dos anos futuros; no âmbito financeiro, as questões centrais combinavam o desequilíbrio do quadro interno com o problema da dívida externa, dada a impossibilidade do país de contrair novos empréstimos e atender a seu serviço. Tudo isso em meio a um quadro caótico, pois não se tinham sequer dados confiáveis da dívida assumida por vários estados e municípios.

Getúlio nomeou para o Ministério da Fazenda José Maria Whitaker, destacado banqueiro paulista, fundador do Banco Comercial. A nomeação foi recebida com agrado nos meios financeiros internacionais, principalmente pela Casa Rothschild, importante credora do Brasil. Apesar de se confessar um "velho inimigo de todas as intervenções", Whitaker socorreu o setor cafeeiro por meio da compra de 18 milhões de sacas do produto. Em consequência, teve de recorrer a emissões de moeda, ao aumento de impostos sobre o café e à proibição do plantio por cinco anos. Também se reintroduziu o monopólio cambial pelo Banco do Brasil, decretado por Washington Luís nos últimos meses de seu mandato, e que havia sido revogado pelo governo revolucionário.

Em fevereiro de 1931, o Banco da Inglaterra enviou um representante ao Brasil — sir Otto Niemeyer — para avaliar as dificuldades econômicas do país e o programa financeiro do governo provisório. A missão Niemeyer criticou as emissões e os gastos públicos, considerados excessivos, e propôs medidas conducentes ao equilíbrio orçamentário e à estabilização da moeda. A partir daí, o governo tratou de acelerar o combate ao déficit fiscal, com cortes no orçamento público, redução dos vencimentos do funcionalismo e a publicação do Código dos Interventores, aumentando o controle da União sobre os gastos de estados e municípios. No tocante à dívida externa, depois da suspensão dos pagamentos chegou-se a um acerto com os credores, em março de 1932, resultando no "terceiro *funding loan*", que consolidou e reescalonou a dívida até 1934. A essa altura, Whitaker já fora substituído no ministério por Osvaldo Aranha, que ficou no posto apenas por alguns meses.

O Brasil saiu da crise iniciada em 1929 com relativa rapidez, ainda que não sem traumas. No área do café, os problemas maiores se concentravam nos estoques invendáveis do produto, que tendiam a crescer com as novas colheitas. A resposta definitiva veio em julho de 1931, quando o governo decidiu comprar café com a receita do imposto de exportação e destruir fisicamente uma parte do produto, tratando assim de reduzir a oferta e sustentar o preço. O esquema teve longa duração, embora alguns de seus aspectos tenham sido alterados no correr dos anos. A destruição do café só terminou em julho de 1944. Em treze anos, foram eliminadas 78,2 milhões de sacas, ou seja, uma quantidade equivalente ao consumo mundial de três anos.

Ao mesmo tempo, entre 1934 e 1939, a exportação de algodão, em particular para a Alemanha nazista, teve peso significativo, com participação média de quase 18% no período, muito à frente de qualquer outro produto, à exceção do café, que mantinha um percentual em torno de 50%. O algodão destinava-se também ao consumo interno, dada a expansão industrial que caracterizou a década de 1930, a partir de 1933. Tal expansão deveu-se menos a uma política deliberada do governo Vargas e mais à conjuntura internacional. A desvalorização da moeda brasileira propiciou o início do processo de substituição de importações, tanto mais relevante na medida em que se constata que a capacidade ociosa de certos setores, proveniente da década de 1920, permitiu, por algum tempo, prescindir da importação de equipamentos. Esse fator foi ainda mais importante porque, de olho no equilíbrio da balança comercial, o governo proibiu a importação de máquinas para inúmeras indústrias, excetuando apenas a substituição de bens imprestáveis, entre 1931 e 1937. Em média, no período 1933-39, a indústria cresceu a uma taxa anual de 11,2%, concentrando-se em metalurgia de pequeno porte e bens de consumo, como papel e papelão, têxteis, vestuário e calçados.

Se a economia como um tudo superou a crise com rapidez, o problema da dívida externa persistiu pelos anos afora. Em fevereiro de 1934, um decreto conhecido como Esquema Osvaldo Aranha procurou livrar o país da política negativa dos *fundings*, pela qual se pagavam juros vencidos com novos títulos da dívida rendendo juros, tentando-se, a partir daí, subordinar o serviço da dívida à situação do balanço de pagamentos. Porém, logo após a implantação do Estado Novo, diante de uma grande redução do saldo da balança comercial, Getúlio suspendeu o pagamento da dívida, reiniciado somente em março de 1940.

Deixando de lado os detalhes, podemos sintetizar a política financeira de Getúlio, no período 1930-45, por sua marca conservadora. O governo procurou os melhores termos para o país na negociação da dívida externa, mas nunca assumiu a perspectiva de uma moratória unilateral. A responsabilidade fiscal, resultando no equilíbrio orçamentário, seria buscada com persistência pelo ministro Artur de Sousa Costa, a quem

Getúlio conservou por mais de onze anos no Ministério da Fazenda. Muito embora não tivesse o brilho retórico de figuras como Osvaldo Aranha ou João Neves da Fontoura, Sousa Costa foi personagem central da política econômico-financeira de Getúlio. Gaúcho de Pelotas, proveniente de uma família em dificuldades financeiras, só estudou até os dezesseis anos. Não pertencia, pois, à geração de 1907, e esteve praticamente à margem da vida política, destacando-se nos meios financeiros através de uma carreira de êxito no Banco da Província do Rio Grande do Sul. Por seus méritos, apesar de não ter apoiado a candidatura de Getúlio nas eleições de 1930, tornou-se presidente do Banco do Brasil, em janeiro de 1932, indicado por João Neves da Fontoura, tendo presidido o banco num período de grande instabilidade, resultante da crise mundial. Ascendeu ao cargo de ministro da Fazenda em 1934 e esteve presente nas grandes decisões do governo, nesse campo, até 1945.

A principal marca distintiva do governo Vargas no plano institucional, desde os seus primeiros tempos, foi a centralização do poder. A crença nas virtudes de um Executivo forte vinha da ideologia positivista, na versão do PRR, que Getúlio absorvera com convicção. E se reforçava com as necessidades impostas pela conjuntura. Chefe do governo provisório, Getúlio dissolveu o Congresso e os legislativos estaduais e municipais. Todos os antigos presidentes — que mais adiante passariam a ser denominados governadores — foram substituídos por interventores federais, à exceção do recém-eleito governador de Minas, Olegário Maciel, que aliás faleceu no exercício do cargo, em 1933.

No aspecto ideológico, muito cedo Getúlio fez questão de acentuar o caráter nacionalista dos novos tempos. Entre as muitas afirmações, destaca-se o discurso que pronunciou em

Belo Horizonte em 23 de fevereiro de 1931, em banquete que lhe foi oferecido pelo governador do estado. O local era estratégico, e o propósito também, pois o objetivo de ampliar a siderurgia e uma indústria do aço era um sonho acalentado por alguns políticos mineiros e principalmente pela cúpula militar. No discurso, Getúlio defendeu a necessidade de ser nacionalizada a exploração das riquezas naturais do Brasil, citando as jazidas de minério de ferro e o aproveitamento das quedas-d'água como fonte geradora de energia, assim como a exploração das estradas de ferro. Suas razões combinavam motivações econômicas e estratégicas, com maior ênfase nas últimas. O ferro serviria para forjar a aparelhagem dos transportes e a nossa defesa; a energia "nos ilumina e alimenta as indústrias de paz e de guerra"; as redes ferroviárias "escoam a produção e movimentam, em casos extremos, os nossos exércitos", tudo abrangendo "o amplo e complexo problema da defesa nacional".

Ao mesmo tempo, nessa fala, Getúlio traçava limites ao estatismo nacionalista.

> Não sou exclusivista nem cometeria o erro de aconselhar o repúdio do capital estrangeiro, a empregar-se no desenvolvimento da indústria brasileira, sob a forma de empréstimos, no arrendamento de serviços, concessões provisórias ou em outras múltiplas aplicações equivalentes.

E mais adiante: "Precisamos convir que a obra da revolução, além de ser vasta obra de transformação social, política e econômica, é, também, nacionalista, no bom sentido do termo". Ele demarcava, assim, os limites de um nacionalismo que, ao longo de quinze anos de governo, nunca assumiria as tintas do anti-imperialismo. Os interesses estrangeiros não foram afrontados impulsivamente, nem a população foi mobilizada em torno desse tema. Getúlio preferiu dar passos calculados que podiam desagradar a interesses privados ou de governos estrangeiros, porém sem dar ensejo a rupturas.

O discurso e a prática nacionalistas não se limitariam ao terreno econômico. Uma das primeiras medidas nesse sentido teve mais a ver com a área do trabalho, quando, já em dezembro de 1930, um decreto limitou a entrada de passageiros de terceira classe no território nacional, exigindo também que as empresas tivessem dois terços de trabalhadores de nacionalidade brasileira. Mais ainda, o discurso getulista associou o nacionalismo à unidade da pátria e à formação da identidade nacional, condenando insistentemente os interesses regionais e as reivindicações de autonomia das elites dos grandes estados. A revolução paulista de 1932 daria a Getúlio um excelente pretexto para transformar arcaísmos e reivindicações democráticas numa só coisa: um mal que se opunha aos interesses nacionais e à construção de um novo Brasil.

Do ponto de vista institucional, o governo centralizou as decisões sobre a política do café, tirando-as do controle do estado de São Paulo. Para tanto, criou o Conselho Nacional do Café (CNC) e, em seguida, o Departamento Nacional do Café (DNC), em fevereiro de 1933. A diferença entre os dois órgãos era expressiva. Enquanto o CNC constituía-se de delegados dos estados produtores, os diretores do DNC eram nomeados pelo ministro da Fazenda.

Em agosto de 1931, o já citado Código dos Interventores estabeleceu as normas de subordinação destes ao poder central. Limitava também a área de atuação dos estados, que ficaram proibidos de contrair empréstimos externos sem autorização do governo federal; de gastar mais de 10% da despesa ordinária com os serviços da polícia militar; de dotar as polícias estaduais de artilharia e aviação, ou de armá-las em proporção superior à do Exército. Uma das grandes novidades do governo provisório residiu na criação de dois novos ministérios, denotando a atenção peculiar que se daria a seus respectivos campos: o Ministério do Trabalho, Indústria e Comércio e o da Educação e Saúde Pública, ambos criados em novembro de 1930. A atuação do primeiro desses ministérios permite constatar que as incertezas quanto ao rumo a seguir nos primeiros tempos do governo Vargas não abrangiam a área das relações trabalhistas, que ficaram a princípio nas mãos de dois gaúchos: Lindolfo Collor e Salgado Filho.

A legislação baixada nesse campo revela o interesse do novo governo pela questão social, que ele trata de regular, promovendo ao mesmo tempo medidas assecuratórias de direitos e o enquadramento das organizações sindicais. Entre março de 1931 e novembro de 1932, estabeleceram-se novas modalidades para a concessão de férias, criou-se a Carteira Profissional, regulou-se o horário de trabalho na indústria e no comércio, bem como o trabalho das mulheres e dos menores. A Justiça do Trabalho foi prevista na Constituição de 1934, mas veio a ser regulamentada somente em 1941, no curso do Estado Novo.

O enquadramento dos sindicatos ocorreu já em março de 1931, por um decreto que consagrava o princípio da unidade sindical e trazia as associações operárias, assim como as patronais, para a órbita do Estado, ao definir o sindicato como órgão consultivo e de colaboração com o poder público. No caso dos trabalhadores, embora a legislação dispusesse que a sindicalização seria facultativa, apenas os sindicalizados poderiam gozar dos benefícios da legislação social. Os sindicatos existentes até então, quase à margem do Estado, resistiram por algum tempo à ofensiva do governo, mas tiveram de adaptar-se, e os que não o fizeram foram varridos pela nova estrutura imposta.

Ao legislar sobre o enquadramento dos sindicatos e a legislação trabalhista, Getúlio deu ao tema importância central, o que representava uma nítida mudança de ênfase nas suas preocupações, assim como nas dos demais líderes do

PRR. Em primeiro lugar, caberia indagar até que ponto as concepções positivistas teriam influído no tratamento dado por esses líderes à questão antes de 1930. Por certo, lembrando uma conhecida metáfora, Comte se preocupara com a incorporação do proletariado à cidade, trazendo-o das margens em que sempre estivera acampado. Ao mesmo tempo, a postura dos positivistas gaúchos comportava muitos matizes. No âmbito do Rio Grande, os políticos do PRR dispunham-se, em certas circunstâncias, a dialogar e a ceder a reivindicações dos empregados em empresas estatais. O maior exemplo foi o de Borges de Medeiros, em 1917, quando a Federação Operária decretou greve geral em Porto Alegre. Mas os mesmos políticos do PRR não mostraram igual disposição no tocante às relações de trabalho na área privada. Nos fins da década de 1910, estiveram na linha de frente do combate a uma legislação trabalhista de caráter nacional, o chamado Código do Trabalho. É possível que aí pesassem os renitentes temores dos gaúchos contra intromissões do governo federal, mas nem tudo pode se reduzir a esse aspecto. Nos anos 30, a "incorporação do proletariado" teve bem mais a ver com a percepção de que a nascente massa trabalhadora urbana, em vez de se encantar com a "sereia do comunismo", poderia ser um trunfo político importante para o governo se recebesse benefícios e fosse, ao mesmo tempo, controlada de perto.

Outro aspecto da atividade do governo Vargas, desde o início, diz respeito à política previdenciária e de saúde pública. Tal como ocorreu com a legislação trabalhista, o governo nascido em 1930 não operou a partir de um terreno absolutamente vazio, mas deu novos rumos e estendeu consideravelmente o sistema previdenciário. Este dera os primeiros passos nos anos 20, com a gradativa instalação de caixas de aposentadoria e pensões (CAPS), a partir da Lei Eloy Chaves, de 1923, aplicável a empresas ferroviárias. As CAPS eram instituições de natureza civil, sem ingerência estatal na provisão de benefícios e serviços. A partir de 1930, constituíram-se institutos de aposentadoria e pensões englobando categorias profissionais em âmbito nacional. Dentre todos os organismos, destacou-se o Instituto de Aposentadoria e Pensões dos Industriários (IAPI), criado em 1936 mas que só entrou em funcionamento em 1938. Foi o único cuja burocracia foi recrutada por concurso público, tendo sido organizado a partir de uma comissão especial com a participação de membros do Ministério do Trabalho, dos sindicatos e do empresariado.

Notem-se dois pontos, de natureza diversa: de um lado, a concepção centralizadora e abrangente dos institutos, de acordo com a orientação mais geral do governo Vargas; de outro, a exclusão dos trabalhadores rurais dos benefícios contemplados pela legislação. De fato, operou-se uma separação entre saúde pública — com suas medidas de combate às endemias rurais e epidemias — e assistência médica previdenciária. Coube à saúde pública e a iniciativas assistencialistas a provisão, aliás sempre inadequada, de formas de proteção aos não reconhecidos, não organizados e não incorporados pelas políticas trabalhistas e previdenciárias do governo. Essa divisão desigual indica que o foco básico da política social getulista se concentrava no mundo do trabalho formal e urbano.

A política trabalhista de Getúlio deu origem a vários mitos e a uma ampla discussão. O mito mais poderoso é o da doação da legislação do trabalho pelas mãos de um presidente e benfeitor, que tinha assim legitimidade para receber em troca fidelidade e apoio por parte da grande massa. Na verdade, o mito da doação apaga, deliberadamente, um período de lutas das classes populares que antecedeu o governo Vargas em pelo menos quarenta anos. Vale lembrar, contudo, que essas lutas, restritas na sua amplitude, salvo em raros momentos, lograram pouco ou nenhum êxito.

No plano sindical, cabe considerar a questão do controle estatal das organizações. O governo Vargas impôs um modelo autoritário-corporativo que deu origem a um sistema subserviente e corrupto, do qual os pelegos foram a expressão mais típica. Os males dessa organização perduram, em vários aspectos, até os dias atuais. Mas há quem se pergunte, de um ponto de vista pragmático, se nas circunstâncias brasileiras o sindicalismo autônomo teria condições de implantar-se e trazer benefícios maiores à classe trabalhadora.

De qualquer modo, Getúlio e seus ministros da área do trabalho puderam operar num terreno fértil, seja no sentido de valorizar as medidas em benefício do trabalhador, seja no sentido de construir a partir daí um mito cujos propósitos políticos eram claros. Desse processo acabou resultando, gradativamente, uma relação material e simbólica duradoura entre a classe trabalhadora e Getúlio, que resistiu às vicissitudes e à prova do tempo.

No outro polo do universo do trabalho, as relações entre os empresários industriais e o governo Getúlio causaram e ainda causam muita controvérsia. Ao chegar ao poder, Getúlio trazia consigo, de longa data, a convicção de que o Estado tinha o dever de interferir nas atividades econômicas — uma convicção que facilitou opções ditadas pela conjuntura de crise mundial. Mas não é certo que a crítica ao modelo liberal tenha implicado desde logo a adoção do nacional-desenvolvimentismo, tendo como polo a promoção da indústria. Até o advento do Estado Novo, o governo preocupou-se com a diversificação das atividades econômicas, fossem elas ligadas ao setor agrícola ou ao industrial, sem privilegiar um ou outro.

Quando, em setembro de 1931, se estabeleceu o monopólio cambial pelo Banco do Brasil, previu-se uma escala de prioridades na distribuição de divisas à taxa oficial, em que as compras do governo e o pagamento da dívida externa tinham prioridade até mesmo sobre as importações essenciais. Logo depois, a indústria conseguiria uma vitória importante ao ser baixado, em março de 1934, um decreto claramente protecionista sobre tarifas. Mas o Tratado de Comércio, firmado com os Estados Unidos em fevereiro de 1935, mostrou que nem tudo eram flores para os industriais, pois o ajuste favorecia o ingresso de muitos produtos com similares no Brasil. Falavam mais alto, aí, as cautelas de Getúlio, o interesse em favorecer as exportações de café para o mercado americano e as pressões do governo daquele país.

Do ponto de vista do comportamento dos empresários industriais, é preciso distinguir o contexto regional. O quadro é até certo ponto diverso se considerarmos os casos de São Paulo e do Distrito Federal, seja pelas diferenças étnicas, seja pela proximidade até mesmo física entre a indústria e o governo, na capital da República. Tanto num caso como no outro, as principais entidades de classe apoiaram o governo Washington Luís tão logo estourou a revolução de 30, mas as entidades cariocas mudaram rapidamente de posição quando o movimento revolucionário se tornou vitorioso. Integrados numa frente de interesses regionais, os grandes industriais paulistas não embarcaram tão cedo na canoa getulista e apoiaram sem ressalvas a revolução de 1932. Um ponto de atrito entre o governo Vargas e os industriais foi a legislação sindical, que, ao regimentar também o sindicalismo patronal, despertou muitas suspeitas, em decorrência da perda de autonomia. Com a legislação sindical de 1931, formaram-se a FIESP, a FIRJ, a FMIG e a FIRGS, respectivamente em São Paulo, no Rio de Janeiro, em Minas e no Rio Grande do Sul. As quatro dariam origem à Confederação Industrial do Brasil (CIB).

Os grandes empresários industriais, que a princípio eram não mais que um punhado de homens, sustentaram sem vacilar a necessidade do protecionismo econômico. Lançaram-se, por exemplo, contra propostas como a de Valentim Bouças, que em 1932, na qualidade de secretário da Comissão de Estudos Financeiros e Econômicos dos Estados e Municípios, defendeu a extinção dos impostos alfandegários num prazo de cinco anos, incorporando em seus argumentos a distinção entre indústrias naturais e artificiais.

Por sua vez, o Tratado de Comércio despertou uma grita generalizada da FIESP e da CIB, tanto mais justificada na medida em que se leva em conta que as associações industriais não tiveram conhecimento das negociações. No Congresso, do qual dependia a ratificação do acordo, a bancada classista colocou-se ao lado da oposição, ameaçando rejeitá-lo. Consciente dos riscos, Getúlio pressionou o deputado e industrial Euvaldo Lodi, entre outros, para que encerrasse as críticas; este, prudentemente, enquadrou a bancada dos representantes da indústria.

Na linha de frente dos porta-vozes da indústria, muito cedo figuraram alguns nomes que ficariam bem próximos a Getúlio, vindo Euvaldo Lodi em primeiro lugar. Lodi ocuparia a presidência da FIRJ e do CIB e participaria dos conselhos de vários órgãos técnicos. Um dos grandes defensores da industrialização brasileira seria o paulista Roberto Simonsen, misto de intelectual e empresário que, já em 1928, estivera entre os fundadores do Centro das Indústrias do Estado de São Paulo. Síntese da história mais intricada da aproximação dos industriais paulistas com Getúlio, antes de participar de conselhos técnicos como Lodi, Simonsen se integraria no esforço das indústrias paulistas, em apoio à revolução de 1932.

Com maior ou menor rapidez, os industriais acabaram se convencendo de que o guarda-chuva do Estado, desenhado nos moldes dos conselhos técnicos, como veremos adiante, não era desconfortável e trazia benefícios mútuos. Daí nasceu uma relação complexa, indicada pelos exemplos, cuja tônica seria de aproximação com o governo. O projeto de desenvolvimento nacional do Estado e o interesse privado, advindo da proteção estatal à indústria, cimentaram o entendimento básico.

Esse quadro guarda diferenças com o das relações entre o setor financeiro e o governo Vargas. No início, Getúlio limitou a atividade bancária com a chamada Lei da Usura, um decreto de 1933 que impunha limites à taxa de juros e proibia contratos que não fossem em moeda nacional. Mas esteve longe de ser inimigo dos bancos, inclusive dos estrangeiros, passando ao largo das propostas de nacionalização gradual que ecoaram na Assembleia Nacional Constituinte em 1934. Os representantes dos grandes bancos privados estabeleceram relações com o governo sobretudo no plano individual, sendo expressivo o fato de que, durante muito tempo, a única entidade representativa do setor bancário foi o Sindicato dos Bancos do Rio de Janeiro, criado em 1933. Ao longo dos anos, pelo menos dois nomes dos meios bancários se destacaram por suas relações com o governo Vargas: Gastão Vidigal e Valter Moreira Sales. Vidigal, um dos fundadores, em 1938, do Banco Mercantil de São Paulo, adotou uma postura simpática ao Estado Novo e ajudou a fundar o PSD. Em 1945, figurou com destaque na articulação da candidatura à Presidência do general Dutra, de quem foi ministro da Fazenda. Moreira Sales, bem mais próximo de Getúlio e o principal acionista do Banco Moreira Sales, foi diretor executivo da Superintendência da Moeda e do Crédito (SUMOC), em 1951, e depois embaixador do Brasil nos Estados Unidos.

No âmbito institucional, o Banco do Brasil representou um caso à parte. A partir de meados dos anos 30, a instituição criou uma série de instrumentos destinados a dinamizar a economia, como a carteira de redesconto, que expandiu os meios de pagamento, favorecendo industriais e comerciantes, e a carteira de crédito agrícola e industrial. O Banco do Brasil teve, pois, um papel central na política creditícia e monetária, funcionando como um embrião de Banco Central, até a criação da SUMOC, em fevereiro de 1945.

No que diz respeito aos laços entre Getúlio e setores agrários dominantes, vale lembrar que eles foram facilitados pelo fato de que o governo Vargas nunca promoveu a reforma agrária nem a extensão dos benefícios trabalhistas aos trabalhadores rurais — temas que, no discurso de Getúlio, aparecem em segundo plano, quase sempre contidos em expressões vagas como "promoção do homem do campo". Esse comportamento tinha a ver com a pouca capacidade de mobilização dos trabalhadores ou pequenos proprietários rurais, combinada com a conveniência do apoio das oligarquias regionais, com as asas devidamente cortadas. Tinha a ver também com o impulso à industrialização, que contou com mão de obra barata, atraída pelas oportunidades oferecidas pelos grandes centros urbanos, no quadro das migrações que, a partir de 1940, transformaram as linhas demográficas do país.

Desde os primeiros tempos do governo provisório, concretizou-se a aproximação pragmática entre o cético Getúlio e a Igreja católica. Do lado da Igreja, avultou a figura do cardeal Sebastião Leme, que antes de 1930 se destacara na formação de uma *intelligentsia* católica, oriunda da classe média alta, capaz de fazer frente ao anticlericalismo, ao ateísmo e à indiferença religiosa das elites republicanas. Getúlio percebeu a importância da Igreja como garantia simbólica da ordem e como instituição capaz de atrair setores que não estavam sob a sua influência; a Igreja, por sua vez, percebeu também que, apoiando o governo, poderia alcançar, ao menos em parte, os objetivos de sua missão pastoral.

O entendimento entre Estado e Igreja — o que não significa identidade de posições — ocorreu principalmente na área da educação, na qual a Igreja tratou de obter garantias ao ensino privado e religioso. Os ministros da Educação de Getúlio — com destaque para Francisco Campos e sobretudo Gustavo Capanema — decidiram dar espaço à educação religiosa, certos de que, como dizia Campos, a educação moral é um subproduto da primeira. O texto da Constituição de 1934, mesmo mantendo a separação entre Igreja e Estado, consagrou alguns princípios essenciais para a instituição religiosa: os efeitos civis do casamento religioso; a proibição do divórcio; a possibilidade de educação religiosa nas escolas públicas; o financiamento de escolas, seminários e hospitais mantidos pela Igreja. Getúlio encarava tudo isso sob a ótica da conveniência. Para ficar num pequeno mas expressivo exemplo, quando sua filha Alzira, numa entrevista a uma jornalista argentina, declarou-se favorável ao divórcio, depois de chamar a filha, carinhosamente, de "topetuda", disse-lhe que só se tornaria divorcista quando o cardeal Leme e dona Luizinha (a mãe, muito carola, de Osvaldo Aranha) mudassem de opinião.

Dois momentos festivos em 1931, respectivamente em maio e outubro, foram aproveitados pela Igreja para demonstrar seu forte poder moral diante das autoridades civis: a mobilização em massa dos católicos na capital da República para aclamar Nossa Senhora Aparecida — consagrada pelo papa no ano anterior como padroeira do Brasil — e a inauguração espetacular do monumento ao Cristo Redentor, no Corcovado. Na noite de 12 de outubro, data coincidente com o descobrimento da América, realizou-se o que a imprensa chamou de "milagre de Marconi" — a suposta iluminação do monumento pelo inventor do rádio, por um sistema de transmissão, proveniente do Vaticano. A tentativa de transmissão existiu, a partir de um iate de Marconi ancorado na baía de Nápoles, mas o mau tempo prejudicou a iniciativa, e as luzes brilharam mesmo a partir do Rio de Janeiro. Nada disso empanou as cerimônias da inauguração, durante as quais, cercado por dezenas de prelados e pela multidão, d. Leme advertiu: "Ou o Estado [...] reconhece o Deus do povo, ou o povo não reconhecerá o Estado". Um fato ocorrido pouco mais de três anos depois marcaria a adaptação de Getúlio, na vida pessoal, às exigências religiosas, embora estivesse longe de ser uma estrondosa conversão: em novembro de 1934, na Fazenda Santos Reis, de propriedade de seu irmão Protásio, casou-se com Darcy na religião católica, em cerimônia assistida por um pequeno grupo de parentes e amigos.

No comando do país, Getúlio enfrentou de saída uma situação social difícil. A crise provocara o desemprego nas maiores cidades, e havia insatisfações de conteúdos diversos no âmbito do Exército. Mais estridente que eficaz, o pequeno Partido Comunista (PC) se tornou visível, adotando a linha radical do chamado Terceiro Período, que afirmava abrir-se em todo o mundo uma nova etapa — a terceira do século XX —, caracterizada pelo amadurecimento das possibilidades revolucionárias. Essa perspectiva acentuava a importância da luta de classes e rejeitava uma política de frente única de diferentes forças políticas contra o fascismo, a ponto de atribuir aos social-democratas o rótulo de "social-traidores".

Apesar da maior amplitude das manifestações operárias da conjuntura 1917-21, nos anos 1930 o alarme foi mais acentuado na elite dirigente, pelas circunstâncias da crise e pela existência da União Soviética e da Internacional Comunista (IC), sob seu controle. As anotações do diário de Getúlio nesses primeiros tempos de governo estão pontilhadas de referências às ameaças vermelhas e aos boatos de todo tipo, seja de "conspirações reacionárias", seja de "ataques comunistas", os últimos levando ao reforço da guarda do Palácio do Catete. Havia algo de paranoico nessas avaliações. Por exemplo, em 19 de janeiro de 1931, Getúlio anotou que o dia fora marcado por uma fracassada revolução comunista. A "explosão revolucionária" era, na verdade, uma Marcha contra a Fome, organizada pelo PC no Rio de Janeiro, que a polícia — sob a chefia de Batista Luzardo — dissolveu, efetuando várias prisões.

Mas as questões maiores localizavam-se no Exército e nas elites políticas descontentes. Getúlio lidou bem com o primeiro caso, inspirado por Góis Monteiro, que tinha uma noção clara do papel estratégico das forças militares; quanto ao segundo, particularmente em São Paulo, assumiu uma posição de confronto, da qual resultou uma guerra civil de grandes proporções.

Os quadros militares eram parte de um problema, mas constituíam também parte da solução. No início do governo, Getúlio lhes dera mão forte, particularmente aos "tenentes", nomeando-os para interventorias e outros cargos públicos. Entre Getúlio e os tenentes, por uma combinação de pragmatismo e convicção ideológica, havia um interesse comum: o de afastar, tanto quanto possível, os políticos da administração e promover uma panaceia da época — os "governos técnicos", supostamente imbuídos de qualidades para realizar suas tarefas acima das injunções de partidos e facções. Desse modo, as interventorias militares teriam um papel preponderante na subordinação das oligarquias do Norte e do Nordeste. O tenente Juarez Távora, por exemplo, foi nomeado delegado militar junto aos interventores da região em dezembro de 1930 e, pela extensão de seus poderes, recebeu da imprensa o irônico apelido de "vice-rei do Norte". Acusado por alguns políticos de exagero nas nomeações de militares para as interventorias, Getúlio ponderou que não pretendia inaugurar no Brasil uma espécie de colonização militar, pois os homens de farda "satisfazem plenamente os desejos do governo, que consistem sobretudo em administrar, deixando de parte os casos políticos, que só servem para criar dificuldades e entorpecer o curso normal da administração". Lembrava ainda que os militares, no momento oportuno, deixariam as interventorias, o que de fato aconteceu, por sua obra e graça. E acalmava simultaneamente os políticos, a quem não pretendia ferir, pois de seu meio saíra para fazer a revolução.

Entretanto, os desencontros entre os "tenentes" e a cúpula militar criavam problemas, que residiam não nas aspirações programáticas — prolongamento da ditadura, representação profissional, nacionalismo —, mas no desrespeito à hierarquia, combinando-se com as pretensões tenentistas de autonomia, reveladas exemplarmente na organização do Clube 3 de Outubro. Ao mesmo tempo, continuavam no Exército quadros de alta patente nomeados por Washington Luís, que não viam com simpatia o novo governo, enquanto entre os chamados inferiores lavravam insatisfações geradas pelos baixos soldos e pelo tratamento recebido. Assim, em fins de outubro de 1931, sargentos e alguns oficiais rebelaram-se no Recife, com o apoio de operários, resultando o confronto em duas mortes e centenas de feridos. Getúlio reagiu ao episódio, considerando em seu diário que "parecia tratar-se de movimento comunista", mas que fora logo debelado. Lembrou também que o ministro da Guerra, Leite de Castro, propusera o fuzilamento dos responsáveis pelo assassínio de dois oficiais que haviam se recusado a acompanhar os rebeldes.

No fim do ano de 1931, Getúlio fez um balanço contraditório, otimista quanto aos destinos do país, pessimista quanto a seu futuro político: "A passagem do ano não me sugere ideias, esperanças? Sim, esperanças de prosperidade para o Brasil. Tudo indica que terminou a convalescença e começa a prosperidade". Mas dizia também: "Sinto o meu declínio político, ou por falta de capacidade para abrir novos horizontes, ou por falta de apoio para transformações mais radicais".

Era porém um momento transitório de desânimo, pois em 1932 ele agiria com determinação diante do conflito bélico cuja deflagração resultou de um erro grave de sua parte. O "caso de São Paulo", como se chamou, na época, a dissidência aberta entre a elite paulista e o governo federal, nasceu com a revolução vitoriosa. Getúlio tratou São Paulo como terra conquistada, preterindo o PD, que o apoiara sem vacilar, embora tivesse ficado à margem das articulações revolucionárias. A nomeação do tenente João Alberto como interventor, a princípio aceita pelo PD, logo passou a ser fortemente contestada. Seguiu-se uma sucessão de interventores não vinculados a São Paulo, à exceção da efêmera interventoria de Laudo de Camargo, dando margem à exigência cada vez maior, por parte da elite e da classe média, de reconstitucionalização do país e de nomeação de um interventor civil e paulista.

Essa foi a época da criação das legiões em muitos estados, quase sempre por inspiração "tenentista", com objetivos diversos, mas tendo como ponto comum a sustentação de Getúlio e o prolongamento indefinido do governo provisório. Em São Paulo, surgiu a Legião Revolucionária, que teve como um de seus principais dirigentes Miguel Costa, companheiro de Prestes na marcha da Coluna, nos anos 20. Num contexto marcado por sucessivas greves, como secretário da Segurança e comandante da Força Pública, Miguel Costa — de quem se dizia que "guardava o comunismo no coração e os comunistas na cadeia" — esteve à frente de um curioso ensaio de populismo regional, sepultado pelo confronto básico entre o governo federal e a elite paulista.

Em novembro de 1931, esse confronto se agravou com o pedido de demissão do ministro da Fazenda, José Maria Whitaker. O ministro sofria acusações por parte de seus adversários, inclusive um setor de cafeicultores, de atuar em favor dos banqueiros nas negociações para a compra dos estoques acumulados de café. Ocorreu, assim, a chamada "retirada dos paulistas", dentre eles o presidente do Banco do Brasil e diretores do CNC, que eram solidários ao ministro. À marginalização da elite paulista na esfera regional vinha somar-se, desse modo, a ruptura das pontes com o governo federal. No plano partidário, o PD rompeu publicamente com o governo federal em janeiro de 1932, e no mês seguinte o Partido Republicano Paulista aliou-se a seu tradicional inimigo, formando a Frente Única Paulista (FUP). Aliança semelhante, embora menos agressiva, surgiu no Rio Grande do Sul, com a formação da Frente Única Gaúcha (FUG).

Getúlio percebeu o alcance das pressões e as ameaças a seu governo. Em 24 de fevereiro de 1931, promulgou o novo Código Eleitoral, que criava a justiça eleitoral e regulava as eleições em todo o país. O diploma legal era muito importante, pois a criação de um órgão específico do Poder Judiciário para organizar e fiscalizar as eleições, dando posse aos eleitos, representaria um passo significativo na eliminação da fraude. Um dos instrumentos desta era a chamada "degola" — a eliminação efetuada pelo Legislativo de candidatos recém-eleitos ao se processar o chamado reconhecimento de poderes. Além disso, o Código Eleitoral previa o voto secreto e a extensão do direito de voto às mulheres. Mas logo no dia seguinte à promulgação do código, um episódio revelou a pouca ou nenhuma disposição do presidente no sentido de garantir a liberdade de expressão: quando da depredação do jornal *Diário Carioca*, adversário do governo, praticada por um grupo de "tenentes", Getúlio colocou panos quentes na apuração das responsabilidades. Sua atitude levou à renúncia de vários gaúchos, entre eles gente bastante expressiva, como os ministros Lindolfo Collor, Maurício Cardoso e Assis Brasil. No começo de março de 1931, num discurso proferido em Petrópolis, conclamando à unidade dos elementos civis e militares que haviam empreendido a revolução de 1930, o presidente atacou os constitucionalistas ao declarar que o regresso ao regime constitucional não poderia ser "uma volta ao passado, sob a batuta das carpideiras da situação deposta, que exigem hoje, invocando o princípio da autonomia, um registro de nascimento a cada interventor local".

A flecha tinha São Paulo como alvo preferido, pois ali crescia o inconformismo com os novos interventores, nomeados após a demissão de João Alberto. De nada valeram as iniciativas de Getúlio estabelecendo o dia 3 de maio de 1933 para a realização de eleições gerais a uma Assembleia Constituinte e nomeando finalmente, em março de 1932, um interventor civil e paulista, o vetusto embaixador Pedro de Toledo. Getúlio imaginava que o novo interventor se comportaria como marionete em suas mãos, mas isso não aconteceu. Quando meses mais tarde estourou a revolução de 1932 e o interventor aderiu a ela, Getúlio incluiu em seu diário, entre muitas traições, a de Pedro de Toledo, "velha múmia que exumei do esquecimento".

A revolução de 1932 uniu diferentes setores sociais, da cafeicultura à classe média, passando pelos industriais. A luta pela constitucionalização do país, os temas da autonomia, da superioridade de São Paulo — "essa locomotiva que carregava vinte vagões vazios" — eletrizaram a população. O rádio — utilizado pela primeira vez em larga escala no país —, a imprensa, os oradores inflamados contribuíram para avolumar o ódio contra Getúlio, o execrável "Gegê", ditador que pisoteara São Paulo com as botas militares e traíra os ideais democráticos.

A luta durou quase três meses, apesar do evidente desequilíbrio das forças militares em confronto. Getúlio enfrentou-a com muito menos incertezas do que as reveladas nos meses que antecederam a revolução de 1930. Agora ele estava no poder, personificava a defesa da ordem, e as possibilidades de um triunfo dos revolucionários eram escassas. Mesmo assim, acumulando vitórias e visitas à frente de combate, anotou um conselho para si mesmo em seu diário, quando já findava a revolução:

É preciso um espírito forrado de grande serenidade para resistir aos embates morais desta luta. A um dia de relativa tranquilidade sucede outro cheio de boatos, de intrigas, de conspirações, de ameaças de atentados pessoais. Procuro isolar-me dessa atmosfera enervante, que só serve para perturbar.

O "caso de São Paulo", que desembocou numa guerra civil, é terreno fértil para especulações sobre a conduta de Getúlio. O homem político, que passaria para a história como um hábil conciliador, não demonstrou tal característica nesse caso. Avaliação de que era possível dar a São Paulo tratamento semelhante àquele dispensado aos estados do Norte e do Nordeste? Convicção de que a elite paulista encarnava o núcleo duro do sistema oligárquico que ele pretendia superar, com a implantação de um modelo centralizador? Com relação a este último aspecto, a revolução de 1932 forneceu a Getúlio um excelente pretexto para, em seu discurso, transformar numa coisa só arcaísmos e reivindicações democráticas.

A "guerra paulista" produziu efeitos contraditórios. De um lado, demonstrou ao governo Vargas e a Getúlio em particular que, apesar da vitória, era preciso cooptar pelo menos uma parte da elite paulista, e não confrontá-la abertamente. De outro, tornou claro para os derrotados que Getúlio não poderia ser derrubado e que o melhor a fazer era preparar-se para reduzir sua influência, com uma bancada coesa na Assembleia Constituinte que seria eleita em maio de 1933.

Os efeitos contraditórios não param aí, e pelo menos dois outros podem ser lembrados. Em São Paulo, na esteira da revolução de 1932, criou-se um fosso entre Getúlio, de um lado, e a classe média e setores da elite, de outro. O entusiasmo com que o candidato da Aliança Liberal fora recebido em São Paulo em pouco mais de dois anos convertera-se num profundo ressentimento, que iria perdurar por muito tempo entre as velhas famílias paulistas.

A revolução paulista deu também a Getúlio a oportunidade de livrar-se de figuras da cúpula militar, em especial jovens generais de brigada nomeados pelo antigo governo e que não lhe eram fiéis. O expurgo, o controle das revoltas de inferiores, a perda de autonomia do movimento tenentista, com muitos de seus integrantes subordinando-se ao governo, foram fatores que contribuíram para que o Exército superasse um quadro de desorganização e de quebra da hierarquia. As Forças Armadas, em primeiríssimo lugar o Exército, passaram a ser um dos principais pilares de sustentação do governo, sobretudo quando este tomou feições abertamente autoritárias.

Getúlio nunca foi um marionete nas mãos dos chefes militares, embora em um ou outro momento expressasse para si mesmo essa sensação. Nem faltaram atritos com figuras com quem tinha relacionamento constante, como Góis e Dutra, mas nesses atritos a palavra final era a sua. A estrutura da carreira do Exército, então existente, possibilitava a permanência dos chefes militares na ativa por longo tempo. Essa foi a condição do relacionamento duradouro de Getúlio com figuras como Dutra e Góis — os chamados "condestáveis do regime", que ocuparam, notadamente, os cargos de ministro da Guerra e chefe do estado-maior do Exército. Os dois eram personagens contrastantes. Dutra era discreto, limitado intelectualmente, mas hábil e determinado. Góis destacava-se pela exuberância, por ser formulador de uma política do Exército e por suas ambições demasiado explícitas de um dia ocupar a Presidência. Getúlio confiava mais em Dutra do que em Góis. Entre outras coisas, sabia das articulações de setores do Exército para dar um golpe e entronizar este último como ditador, nos meses que antecederam as eleições indiretas à Presidência da República, em 1934. Não obstante as desconfianças, sempre teve maiores contatos pessoais com Góis, que surgia no palácio vestido à paisana, terno de linho branco amassado, ostentando uma gravata rebelde, uma grossa bengala cor de canela e um chapéu panamá que parecia ter sido usado antes como almofada ou travesseiro. Se Getúlio tinha ressalvas com relação aos chefes militares, compensava-as com o seu círculo de amigos mais íntimos, fossem ou não ocupantes de cargos públicos. Dentre os íntimos, alguns chegaram a esfriar suas relações com Getúlio para depois resgatá-las integralmente, como foi o caso de Osvaldo Aranha. Uns poucos, como João Neves da Fontoura, romperam com ele para sempre.

Derrotada a revolução de 1932, Getúlio tratou de reduzir ao mínimo as medidas repressivas contra os insurgentes. Essa atitude envolvia um cálculo político, e não uma despreocupação com questões de segurança. Ao contrário, um decreto de janeiro de 1933 criou, na capital da República, a Delegacia Especial de Segurança Política e Social (DESPS), com o objetivo de coibir comportamentos políticos divergentes, considerados capazes de comprometer "a ordem e a segurança pública". Entre suas atribuições estava o exame de publicações nacionais e estrangeiras e a manutenção de um dossiê de organizações e indivíduos suspeitos. A DESPS possuía uma tropa de elite composta de verdadeiros brutamontes, a tristemente famosa Polícia Especial.

Entretanto, a atmosfera política parecia desanuviar-se, e as várias correntes lançaram-se à campanha para as eleições à Assembleia Constituinte. A grande novidade nas regras de representação consistiu na eleição de deputados profissionais, ao lado dos eleitos pelo voto individual. Eram quarenta os chamados classistas, cabendo dezessete assentos aos empregadores, dezoito aos empregados, três aos profissionais liberais e dois aos funcionários públicos, em uma assembleia de 214 membros. A inovação, combatida pelos partidos políticos de São Paulo, Minas e, em menor escala, do Rio Grande do Sul, tinha entre seus defensores os tenentistas, por razões ideológicas, e as elites do Nordeste e o governo, por razões pragmáticas. O chamado bloco do Norte esperava contrabalançar assim o peso dos grandes estados. O governo considerava, com razão, que poderia contar com a maioria dos quarenta representantes classistas, selecionando a dedo as indicações para a bancada dos empregados e funcionários, por meio de articulações em que o Ministério da Justiça teve papel relevante.

As eleições marcaram um florescimento partidário como nunca existira no país, ainda que a grande maioria das organizações tivesse cunho regional. O resultado do pleito demonstrou a força das elites dos estados. Em Minas, venceram os seguidores do velho governador Olegário Maciel; no Rio Grande, os eleitos eram em sua maioria partidários de Flores da Cunha, que guardava distância do presidente; em São Paulo, a vitória da Chapa Única, oriunda da revolução de 1932, foi esmagadora.

Getúlio, aparentemente, recebeu esses resultados com tranquilidade, mais preocupado com a convalescença dos ferimentos sofridos por Darcy e ele num grave acidente ocorrido em 25 de abril, pouco antes das eleições. Em viagem a Petrópolis, durante a noite, em meio a chuva e vento, o carro presidencial foi atingido por uma pedra que rolou da montanha, matando o ajudante de ordens do presidente e ferindo, com certa gravidade, o casal presidencial. O filho caçula, Getulinho, que os acompanhava, nada sofreu. Foram momentos penosos, e, ao voltar à cena, mais de quarenta dias depois, o presidente anotou para si mesmo sua insegurança na reaparição ao público.

Os trabalhos da Constituinte duraram oito meses, resultando na promulgação da Constituição de 1934. Seu modelo inspirador era o da República de Weimar, o regime democrático vigente na Alemanha entre o fim da Primeira Guerra Mundial e a ascensão do nazismo. Três títulos inexistentes nas Constituições anteriores tratavam da ordem econômica e social; da família, educação e cultura; e da segurança nacional. Os dispositivos sobre a organização sindical e os direitos sociais asseguravam a pluralidade e a autonomia dos sindicatos, o direito ao descanso semanal, férias remuneradas e igualdade salarial entre homens e mulheres, prevendo ainda a fixação de um salário mínimo.

Apesar da riqueza dos debates e das controvérsias, Getúlio encarou a Constituinte e a nova Constituição como um embaraço. Em seu diário, revelou essa avaliação em vários momentos. No fim de junho de 1934, declarou-se impressionado com as "dificuldades que teria de enfrentar o governo para dirigir o país com o código assim elaborado". Depois, em 16 de julho, em meio ao clima de festa, ao ser promulgada a Constituição, ponderou secamente: "Parece-me que ela será mais um entrave do que uma fórmula de ação", tachando-a, em outra passagem, de "monstruosa".

No ano seguinte, em 21 de agosto, registrou no diário um expressivo balanço da conjuntura desde 1931 — uma autojustificação incisiva diante das pesadas críticas que lhe foram feitas na Câmara por Borges de Medeiros, acusando-o de promover gastos imoderados. No texto, Getúlio se defende da acusação, assinalando que quem pratica o desperdício é o Legislativo, para favorecer a clientela eleitoral. Não nega os gastos do Executivo, mas vincula-os a uma conjuntura política desfavorável, cuja responsabilidade atribuía em grande parte aos políticos:

> O primeiro ano de ditadura, 1931, foi um ano de rigorosa economia, cortes nas despesas, redução de vencimentos, a começar pelo presidente da República, suspensão de obras etc.

Esse golpe inicial em todos os abusos e despesas adiáveis precisaria pelo menos de três anos para alcançar os seus resultados, e teríamos o almejado equilíbrio orçamentário, apesar das dificuldades externas criadas pela crise econômica. Para isso, seriam necessários pelo menos três anos de ditadura, fazendo administração e alheados da clientela política e dos partidos. Infelizmente, não foi possível, e o maior responsável por essa obra de perturbação foi a célebre Frente Única do Rio Grande, dirigida pelos srs. Borges de Medeiros e Raul Pilla — dois lunáticos e despeitados que sabotaram a obra da ditadura e açularam a revolução de São Paulo.

Logo adiante, depois de criticar a "obra de traição dos dirigentes paulistas", Getúlio pinta o quadro que levara seu governo ao desequilíbrio financeiro, lembrando as despesas provocadas pela rebelião de São Paulo e pela necessidade de socorrer o Nordeste, flagelado pela seca. Por fim, aponta uma solução para a crise, solução que, naquele momento, não estava a seu alcance: "A manutenção da ditadura, livre das peias da política".

Essa convicção acerca das virtudes do poder ditatorial iria concretizar-se em pouco tempo, por força de suas iniciativas em aliança com os militares, da aventura comunista e do quadro internacional. No mundo dos anos 30, parecia não haver lugar para os liberais. O fenômeno da implantação de regimes autoritários começara a ocorrer na Europa, após a Primeira Guerra Mundial, com a ascensão do fascismo na Itália, em 1922. A crise aberta em 1929 iria potencializar essa tendência, na medida em que a suposta agonia do capitalismo vinha acompanhada da suposta agonia de seu correlato — a liberal-democracia. Os problemas da sociedade e do sistema político pareciam residir no individualismo; na política partidária, que fragmentava o organismo de uma nação; nos parlamentos ineficientes e representativos de interesses mesquinhos.

A resposta para esses problemas, oscilando entre o autoritarismo e o totalitarismo, tinha alguns traços básicos comuns: a crença nos governos "fortes", significando o reforço do poder do Estado, encarnado no Executivo e personificado por uma figura dominante central; a recusa a admitir como natural a diversidade de opiniões, um malefício a ser combatido com o cerceamento da liberdade de expressão; a crença na capacidade dos técnicos, a serviço da eficiência do governo, em detrimento da ação dos políticos; a opção pela representação de interesses na forma corporativa, sob o guarda-chuva do Estado, e a consequente descrença na representação política individual, expressa no sufrágio universal. Mas autoritarismo e totalitarismo não são designações sinônimas. De um modo geral, os regimes autoritários tenderam a prescindir da construção de um partido único, viram com suspeitas a mobilização das massas mesmo em apoio ao regime e deixaram brechas para expressão controlada da sociedade. Os regimes totalitários foram regimes de partido único e mobilizaram as massas, por várias formas, entre elas as grandes encenações rituais, de culto ao partido e a seu guia máximo. Eles pretenderam também construir um "homem novo", a partir das ações e da ideologia inculcadas pelo Partido e pelo Estado, caso típico do nazismo e do comunismo, apesar das diferenças entre si.

No Brasil, com uma tônica maior ou menor em cada um desses aspectos, a atração por regimes antiliberais abrangeu uma área da elite política, a cúpula militar e os quadros intermediários que aderiram ao tenentismo, alcançando até mesmo círculos tidos como liberais. Quando se alude às convicções políticas de Getúlio, é preciso então levar em conta não só a influência do positivismo na versão gaúcha, mas o clima intelectual dos anos 30, que vinha reforçar e dar novos tons a suas convicções autoritárias. Seria equivocado, porém, acreditar que Getúlio se encantasse com modelos prontos, fossem eles os da Itália, de Portugal, ou da Espanha, para não falar da Alemanha nazista. Essas influências tiveram peso, sem dúvida, nas iniciativas do governo. Basta lembrar da tantas vezes citada inspiração da legislação trabalhista na Carta del Lavoro do fascismo. Mas o molde autoritário-pragmático foi sempre a marca dos quinze anos do governo Vargas até o seu transitório momento final.

No Brasil, o PCB e a Ação Integralista Brasileira (AIB), fundada em outubro de 1932, foram as duas grandes correntes do espectro inimigo do liberalismo, extremos que se tocavam, como diziam os liberais da época. De fato, pontos comuns entre o PCB e a AIB eram o desprezo pela liberal-democracia e o encanto pelo regime de partido único, embora o PCB insistisse na luta pelas liberdades democráticas, na condenação do racismo, na defesa da emancipação da mulher, o que lhe valeu a simpatia ou o apoio de muita gente de espírito progressista. Mas afora isso seguiam caminhos muito diferentes, bastando lembrar que a referência internacional da AIB era a Itália fascista, enquanto o PCB representava um ramo da Internacional moscovita.

O integralismo se definiu como uma doutrina nacionalista cujo conteúdo era mais cultural que econômico. Sua ênfase estava na tomada de consciência do valor espiritual da nação, assentado nos princípios unificadores de Deus, pátria e família. O movimento acrescentava notas próprias ao antissemitismo corrente na sociedade brasileira da época, embora assumisse formas pessoais menos ou mais virulentas. Se o chefe nacional — Plínio Salgado — não deixava de denunciar os judeus, ficava aquém de um personagem como Gustavo Barroso, exemplo típico de ideólogo nazista. O integralismo atraiu para suas fileiras um número considerável de adeptos, sobretudo entre membros da classe média. Estimativas moderadas e imprecisas calculam que, em fins de

1937, no auge do movimento, ele abrangia entre 100 mil e 200 mil pessoas.

Quanto ao PCB, ao longo dos anos 30, mudou profundamente sua fisionomia e seus objetivos de médio prazo. A entrada oficial de Luís Carlos Prestes no partido, em 1934, sob as bênçãos de Moscou, de onde ele chegou ao Brasil, marcou uma inflexão decisiva. O pequeno partido, que resistira por alguns anos ao prestismo, recebeu o influxo de setores de classe média e principalmente de militares decepcionados com o rumo que tomava o governo Vargas. Em 23 de março de 1935, sob inspiração do PCB, foi lançada no Rio de Janeiro a Aliança Nacional Libertadora (ANL), com um programa de frente única das forças progressistas contra o fascismo e o imperialismo. Entre os pontos mais importantes figuravam o não reconhecimento da dívida externa, a nacionalização dos serviços públicos; a distribuição de terras; garantia dos direitos dos trabalhadores; liberdades populares, incluída a liberdade religiosa; liquidação de privilégios de raça, cor ou nacionalidade. Em poucos meses, a ANL cresceu sensivelmente, embora pareça exagerada a afirmação de seus dirigentes de que tivesse alcançado 100 mil membros. A retórica de um ato realizado em 5 de julho — aniversário das revoluções tenentistas — foi particularmente explosiva. O então estudante Carlos Lacerda leu um manifesto, em nome de Luís Carlos Prestes, concluindo com as seguintes exclamações: "Abaixo o fascismo! Abaixo o governo odioso de Vargas! Por um governo popular nacional revolucionário! Todo o poder à Aliança Nacional Libertadora!". Pelo menos no plano da retórica, estava em marcha a revolução democrático-burguesa, suposta etapa do caminho rumo ao advento de um regime socialista.

Para o governo Vargas, o lançamento da ANL representou a demonstração ostensiva de que o comunismo iniciara uma ofensiva para derrubá-lo. Era preciso cortar-lhe a cabeça de uma vez por todas, valendo-se de instrumentos já existentes, particularmente a Lei de Segurança Nacional, de abril de 1935, que definia os crimes contra a ordem política e social. Com base nessa lei, o governo dissolveu a ANL.

A partir daí, na clandestinidade, os dirigentes do PCB lançaram-se aos preparativos de uma ação revolucionária, com o apoio da Internacional. No sétimo e último congresso da IC, realizado em Moscou em agosto de 1935, Fernando Lacerda apresentou um relatório sobre a situação brasileira, indicando as possibilidades de êxito de uma revolução popular. No mesmo sentido, Caetano Machado e o secretário-geral do PCB, Antônio Maciel Bonfim (codinome Miranda), encaminharam relatórios. Prestes não estava nessa reunião, decisiva para o apoio à revolta, mas foi eleito membro do comitê executivo da IC, ao lado de Stalin, de Mao Tsé-tung, do búlgaro Georges Dimitrov, do francês Maurice Thorez e do italiano Palmiro Togliatti, entre outros.

Getúlio soube pelo serviço secreto inglês que os comunistas preparavam uma insurreição. Anotou em seu diário, entre 5 e 6 de novembro, que entregara ao general Pantaleão Pessoa, chefe do estado-maior do Exército, "um relatório do último congresso internacional soviético, com graves informações sobre o Brasil". Porém é curioso que essa anotação tenha o mesmo relevo de informações ao general sobre um caso complicado, mas local, de eleições impugnadas no estado do Rio de Janeiro. Seja como for, Getúlio deixou que a revolta fosse tramada, certo de que teria condições de liquidá-la e tirar vantagem da situação para ganhar ainda mais poder.

O levante de 1935 teve muitos aspectos semelhantes às revoluções tenentistas da década de 1920. Mas distinguiu-se daquele ciclo pelo conteúdo e, sobretudo, pela intervenção da ic, que enviou ao Brasil vários militantes de peso. Assim chegou ao Brasil, em março de 1935, Arthur Ernst Ewert, que se apresentava como Harry Berger no passaporte americano falso. Tinha uma longa folha corrida de militante, era membro do Parlamento alemão e um dos organizadores de uma revolução abortada na China entre 1933 e 1934. Um mês depois veio um dos principais líderes do Partido Comunista argentino, Rodolpho Ghioldi. E em seguida figuras como o americano Victor Allen Barron, especialista em comunicações, e Pavel Stuchevski, que por muito tempo foi conhecido como o belga Leon Vallée — na verdade, ele era a figura de ligação com Moscou, responsável pelo recebimento de dinheiro e membro da NKVD, a tenebrosa polícia política soviética. Fazia parte também do grupo de estrangeiros Johann de Graaf, que se apresentava como Franz Gruber, figura controversa, aparentemente um duplo espião que, segundo alguns autores, trabalhava para o serviço de inteligência britânico.

Prestes chegou ao país em abril de 1935, acompanhado de Olga Benário, que deveria zelar por sua segurança e acabaria por se tornar sua companheira. Olga era uma jovem comunista alemã de origem judaica, versada em línguas e que, entre outras atividades, ganhara experiência no setor de inteligência militar do Exército Vermelho.

Desde o lançamento da insurreição, tudo deu errado. Por informações falsas ou por precipitação, o levante foi desfechado em Natal em 23 de novembro e só dias depois no Recife e no Rio de Janeiro. Além da formação de um efêmero governo revolucionário popular em Natal, graves mas rápidos confrontos ocorreram na capital da República e no Recife, onde morreram cerca de cem pessoas, sobretudo civis que aderiram à revolta. No Rio de Janeiro, os revoltosos tomaram o Terceiro Regimento de Infantaria da praia Vermelha, obtendo a adesão da maioria da tropa. As tentativas de saída para a rua, em direção ao Catete, foram barradas pelas forças comandadas pelo general Dutra, e o quartel se incendiou ao ser bombardeado por canhões da Marinha e pela aviação. Houve dezenas de mortes, entre elas a de três oficiais legalistas. A insurreição terminaria com a ocupação do quartel, ficando na memória dos contemporâneos as imagens do prédio em ruínas, picotado pelas balas, e a marcha desafiadora dos presos da praia Vermelha até a Casa de Detenção.

A revolta de novembro de 1935 não foi, a rigor, uma revolução, e sim uma intentona, embora a designação seja tradicionalmente considerada aviltante por setores da esquerda, ao ser adotada pela direita civil e militar. Mas, etimologicamente, a expressão é correta, pois "intentona" significa "intento louco, plano insensato", o que bem corresponde ao episódio. Deixando de lado a disputa semântica, tratou-se de uma aventura que, se não foi responsável isoladamente pelo golpe de 1937, deu uma ajuda inconsciente mas considerável à sua articulação. Assim, a saudação de Getúlio ao povo brasileiro nos primeiros minutos de 1936 teve como tema a execração do comunismo, "o inimigo mais perigoso da civilização cristã", com curiosas alusões sociológicas: só se podia conceber o comunismo, afirmava Getúlio,

> como o aniquilamento absoluto de todas as conquistas da cultura ocidental, sob o império dos baixos apetites e das ínfimas paixões da humanidade — espécie de regresso ao primitivismo, às formas elementares da organização social, caracterizadas pelo predomínio do instinto gregário e cujos exemplos típicos são as antigas tribos do interior da Ásia.

A data de 27 de novembro foi solenizada pelas Forças Armadas, ao longo de muitos anos, como um momento nefando da história brasileira. Getúlio sempre comparecia, nessa data, a cerimônias realizadas no cemitério São João Batista e em instalações militares. A imagem negativa do comunismo, ou de tudo que cheirasse a comunismo, assentou-se em algumas verdades bem exploradas — a infiltração de agentes estrangeiros, "o ouro de Moscou", e em algumas fabricações, como a de que oficiais do Terceiro Regimento de Infantaria teriam sido mortos pelos comunistas enquanto dormiam.

Num país de precária constituição do regime democrático, cujos governantes, com Getúlio em primeiro lugar, não acreditavam na possibilidade de conter o comunismo com os instrumentos da democracia, a aventura de 1935 foi um presente dos céus para os setores da cúpula civil e militar que, desde 1930, defendiam a implantação de um regime autoritário. Ainda no curso da revolta, o governo solicitou ao Congresso a decretação do estado de sítio, obtendo sua aprovação. A medida excepcional seria sucessivamente prorrogada até julho de 1937, depois de ter sido convertida em algo mais grave, o estado de guerra, previsto numa emenda constitucional de dezembro de 1935. Desencadeou-se uma intensa repressão, que abrangeu milhares de cidadãos, entre os quais estavam não só comunistas como pessoas de ideias progressistas, na linguagem da época. O prefeito do Distrito Federal — Pedro Ernesto — foi preso, afastado do cargo e submetido a processo. Quatro deputados e um senador foram também presos e, após alguns meses de discussão, a Câmara suspendeu a imunidade parlamentar dos deputados, por 190 votos contra 59. O Tribunal de Segurança Nacional (TSN), destinado a julgar sumariamente os presos políticos, começou a funcionar em setembro de 1936. Os condenados, cuja chance de defesa era bastante escassa, eram enviados principalmente para a Colônia Correcional de Dois Rios, na Ilha Grande e, mais tarde, para Fernando de Noronha. Uma caçada sem trégua foi lançada contra Prestes e os "agentes de Moscou" no Distrito Federal, destacando-se nessa missão, entre outras figuras sinistras, a do chefe de polícia Filinto Müller, ex-integrante da Coluna Prestes que foi depois acusado de tê-la abandonado e se apropriado de parte de seus recursos.

Dois episódios, entre muitos outros, assinalam a extrema violência da repressão. Ewert foi preso com sua mulher em dezembro de 1935. Barbaramente torturado, o homenzarrão de 108 quilos em pouco tempo não pesava mais de 54. Martirizado ao longo dos anos, enlouqueceu na prisão e só foi libertado, sem recuperar a saúde psíquica, em junho de 1947. O noticiário sobre sua prisão é, aliás, bem revelador do clima antissemita reinante na sociedade brasileira de então. Provavelmente por seu codinome Berger, Ewert era identificado como judeu, embora não o fosse. Quando sua prisão foi noticiada, o jornal O Globo estampou manchetes de primeira página chamando-o de "filho de Israel e agente de Moscou". Terrível ironia, Victor Barron teve melhor sorte, pois morreu no curso dos interrogatórios policiais. Foi atirado de uma das janelas da Polícia Central, já morto, mas dado como suicida, supostamente arrependido de ter fornecido a localização de Prestes e Olga.

O casal Prestes foi preso em março de 1936, numa casa no bairro do Méier. A entrega de Olga à Gestapo foi um dos atos mais ignóbeis praticados por Getúlio, ainda antes do Estado Novo. Retirada sob ruidosos protestos da ala feminina da Casa de Detenção, onde estava presa, Olga enfrentou uma penosa viagem de navio para a Alemanha, já grávida de sete meses. Depois de dar à luz a filha, Anita, numa prisão da Gestapo, passou por vários campos de concentração na Alemanha, até ser enviada ao campo de extermínio de Berburg. Ali foi morta na câmara de gás, em abril de 1942, pouco antes de completar 34 anos. Prestes permaneceu preso por nove anos, alternando momentos de completo isolamento e outros em que podia comunicar-se. Sua situação carcerária começou a melhorar a partir de fins de 1943, quando a sorte da Segunda Guerra Mundial já pendia francamente para os países aliados, entre os quais se encontrava a União Soviética. Foi condenado duas vezes pelo TSN, uma delas pela morte de Elsa Fernandes, a "Garota", companheira de Antônio Maciel Bonfim, assassinada por decisão do PCB, com o assentimento decisivo de Prestes. Acusada de ser informante da polícia, ela era apenas uma menina apaixonada que pouco ou nada entendia de política.

Getúlio nada fez para reduzir o nível de repressão e tortura. Ao contrário, quando os rumores de violência policial contra os presos ganharam corpo, em 11 de maio de 1936, ele enfatizou:

> Posso afirmar-vos que, até agora, todos os detidos são tratados com benignidade, atitude essa contrastante com os processos de violência que eles apregoam e sistematicamente praticam. Esse procedimento magnânimo não traduz fraqueza. Pelo contrário, é próprio dos fortes, que nunca se amesquinham na luta e sabem manter, com igual inteireza, o destemor e o sentimento de justiça humana.

Em meio ao quadro repressivo, surgiram as candidaturas às eleições presidenciais diretas de 1938. Pelo lado do governo, uma frente formada pelo situacionismo de Minas, Paraíba, Pernambuco e Bahia, com apoio de facções do PRP e do PL gaúcho, lançou a candidatura do paraibano José Américo de Almeida, ex-ministro da Viação e Obras Públicas. Pela oposição, a recém-formada União Democrática Brasileira apresentou o nome de Armando de Salles Oliveira, muito próximo do antigo PD e que fora nomeado por Getúlio interventor de São Paulo após a revolução de 1932, para aplacar os paulistas. Armando de Salles Oliveira contava com o apoio do Partido Constitucionalista de São Paulo, originário do PD, e de dissidências da Bahia e de Pernambuco, assim como de Flores da Cunha, governador do Rio Grande. A AIB lançou o nome do chefe nacional, Plínio Salgado.

Getúlio não apoiou oficialmente nenhum dos candidatos. Em primeiro lugar, porque ele e a cúpula militar tinham outros planos. Subsidiariamente, porque José Américo realizava uma campanha populista e anti-imperialista ("Onde está o dinheiro? Está no estrangeiro", dizia) que, àquela altura, fugia aos marcos de seu governo. Cultivou o apoio pessoal dos integralistas; advertiu significativamente para o perigo de a campanha eleitoral reacender as agitações de rua; e, sobretudo, construiu lealdades no plano regional e no cada vez mais reforçado aparelho do Estado; consolidou o esquema militar, nomeando o general Góis para a chefia do estado-maior do Exército e o general Dutra para o Ministério da Guerra.

Antes mesmo do lançamento da candidatura de José Américo, Francisco Campos já redigira a futura Carta de 1937 — a "Polaca", como ficou depreciativamente conhecida, seja por suas semelhanças com a Carta autoritária baixada pelo marechal Pilsudski na Polônia, seja por uma alusão às mulheres da Europa Oriental que vieram se prostituir no Brasil. Seguiu-se a encenação do Plano Cohen — não por acaso um nome judaico —, em fins de setembro de 1937, com a direta colaboração dos integralistas. O "plano comunista" era um imaginativo desfile de horrores, prevendo como lance final a tomada do poder, com o incêndio de prédios públicos e a "condução das massas aos saques e às depredações, nada poupando para aumentar cada vez mais sua excitação, que deve ser mesmo conduzida a um sentido nitidamente sexual, a fim de atraí-las com facilidade". O plano foi forjado pelo capitão Olímpio Mourão Filho, lotado no estado-maior do Exército e chefe do serviço secreto da AIB que se destacaria décadas mais tarde como general ao desfechar o golpe de 1964. Getúlio e a cúpula militar aprovaram a farsa, e logo o Plano Cohen foi estampado em todos os jornais e martelado na emissão radiofônica da *Hora do Brasil*.

Um mês depois, quando o golpe já tinha data certa — 15 de novembro de 1937 —, autorizado por Getúlio, o governador de Minas, Benedito Valadares, enviou o deputado Negrão de Lima, nada menos que o secretário do comitê pró-José Américo, ao Norte e ao Nordeste (com exceção da Bahia e de Pernambuco) para confirmar o apoio dos governadores ao golpe. A essa altura, Flores da Cunha, um dos últimos bastiões de resistência, renunciou sob pressão ao governo do Rio Grande do Sul e refugiou-se no Uruguai. Em 1º de novembro, de uma das sacadas do Palácio do Catete, Getúlio assistiu ao desfile de apoio de milhares de integralistas em sua homenagem, enquanto Plínio Salgado retirava sua candidatura, certo de que a AIB teria postos de prestígio no regime ditatorial que se anunciava. Por fim, Armando de Salles Oliveira lançou, em 9 de novembro, um manifesto tão inócuo quanto desesperado dirigido aos chefes militares. Nele exprimiu a "inquietação dos que sentem que outros graves perigos além do comunismo conspiram contra a nação", lembrando o dever das Forças Armadas de "montar guarda às urnas". O manifesto terminava com uma disjuntiva patética: "A nação está voltada para seus chefes militares; suspensa, espera o gesto que mata ou a palavra que salva". A palavra não veio, mas veio o gesto mortal antecipado. O golpe ocorreu no dia seguinte, a seco. Os vários setores da classe dominante ansiavam pela ordem; o aparelho militar e civil formava um bloco homogêneo; a grande maioria da elite política preferia a ditadura ou se conformara com ela; a frágil organização independente dos trabalhadores desaparecera, enquanto crescia nos meios populares o prestígio de Getúlio; a esquerda — para a qual o Estado Novo começara em 1935 — fora praticamente arrasada.

Na manhã de 10 de novembro, soldados da polícia do Distrito Federal cercaram o Congresso, evitando assim a presença ostensiva do Exército, por opção do general Dutra. O presidente do Congresso e alguns deputados protestaram em vão. Às dez horas, Getúlio e seus ministros assinaram a Carta de 1937, com exceção de Odilon Braga, ministro da Agricultura, que renunciou. Dos governadores, apenas Juracy Magalhães, da Bahia, e Lima Cavalcanti, de Pernambuco, tiveram de ser substituídos. À noite, na *Hora do Brasil*, Getúlio falou ao povo brasileiro, justificando o golpe. Começou dizendo que "quando as competições políticas ameaçam degenerar em guerra civil, é sinal de que o regime constitucional perdeu o seu valor prático, subsistindo apenas como abstração". Depois, numa eloquente demonstração de que para ele, ao menos naquele momento, nação e Estado eram sinônimos, aludia à necessidade de restaurar a nação na sua autoridade e liberdade de ação. Em seguida foi a um jantar íntimo na casa do embaixador da Argentina, Ramón Cárcano, que voltava para Buenos Aires. O embaixador chegou a sugerir o cancelamento do encontro, considerando a natureza especial daquele dia. Mas Getúlio assegurou a ele que tudo estava normal; da sua ótica, ele tinha razão.

Dentre as muitas justificativas públicas ou pessoais para o golpe, além da proclamação inicial, vale destacar dois textos. Um deles é um trecho de uma carta que Getúlio enviou a Osvaldo Aranha, embaixador nos Estados Unidos, preocupado com a repercussão negativa, naquele país, da implantação da ditadura. Nele Getúlio diz que "não nos podemos deter em filigranas doutrinárias, falsas noções de liberdades públicas e outras questões teóricas, quando o primordial é a ordem, para trabalhar e dar feição definida à organização econômica do país". Mais adiante, acentua que "a constitucionalização fez-se com um espírito declaradamente reacionário", entravando a administração, enfraquecendo e empobrecendo a União, de tal forma que se deu a imposição arrogante dos interesses regionais sobrepostos aos legítimos interesses da nação. Foi contra esse estado de coisas, ameaçador sem dúvida para a unidade nacional, que se reagiu, foi isso que se abateu com uma revolução de cima para baixo, sem luta, sem abalo, e que mereceu aceitação geral.

O outro texto faz parte de um discurso recheado de exclamações, proferido em São Paulo em 1938, num comício dirigido aos trabalhadores. A certa altura, Getúlio martelou:

> O Estado Novo não reconhece direitos de indivíduos contra a coletividade. Os indivíduos não têm direitos, têm deveres! Os direitos pertencem à coletividade! O Estado, sobrepondo-se à luta de interesses, garante os direitos da coletividade e faz cumprir os deveres para com ela.

Esses textos bem sintetizam traços essenciais do pensamento de Getúlio na época do Estado Novo, traços que vinham de antes e nunca desapareceriam inteiramente. A ênfase, como as palavras revelam com clareza, é posta numa concepção hierárquica em que o Estado, encarado como sinônimo de bem coletivo, sobrepõe-se aos direitos individuais, a ponto mesmo de negá-los. Em harmonia com essa concepção, há a defesa de uma ordem política centralizada, representativa da unidade nacional, equivalendo o modelo federalista à promoção de mesquinhos interesses regionais.

UM INTERMEZZO QUASE PESSOAL

Antes de entrar no período do Estado Novo, convém fazer um balanço desses sete primeiros anos em que Getúlio viveu no Rio de Janeiro, acentuando, tanto quanto possível, os aspectos pessoais que, para um chefe de governo, se confundem muitas vezes com a vida pública.

A capital da República era, de longe, o maior centro da vida urbana do país, famosa pelas praias, pelas manifestações artísticas, pelos restaurantes e cafés, pelas corridas no hipódromo da Gávea, pelos cassinos, principalmente, a partir de 1933, o da Urca, onde se apresentavam orquestras célebres e artistas de prestígio e se jogava para valer. Getúlio e Darcy tiveram de participar, ao menos em parte, das obrigações e prazeres dessa vida mundana, gostassem ou não. Darcy, que era ainda uma senhora de província, teve de adaptar-se a esse mundo, como assinalou o acadêmico Chermont de Britto no panegírico *Vida luminosa de d. Darcy Vargas*.

A família foi morar nas Laranjeiras, no Palácio Guanabara, construído no século XIX e comprado pelo governo imperial para servir de residência à princesa Isabel. Com a proclamação da República, o Paço Isabel passou a ter a denominação atual, tornando-se residência oficial dos presidentes a partir do governo de Washington Luís. A sede do governo, que também servia às vezes de residência, ficava no Palácio do Catete — o chamado "Palácio das Águias", numa referência às cinco águias que encimam sua platibanda. Foi a primeira residência do barão de Nova Friburgo, em 1864, e tem uma característica curiosa: a construção não tem recuo da rua do Catete, e seu jardim fica nos fundos, segundo se diz em atenção a um desejo da baronesa, que gostava de distrair-se olhando o movimento da rua. Passados quase setenta anos, os tempos já não eram os do barão, mas tampouco os dos dias de hoje, quando autoridades e pessoas comuns evitam passeios a pé. Getúlio caminhava às vezes de um palácio a outro. Quando não assistia a um filme no Palácio Guanabara, com a família ou sozinho, ia a cinemas como o Palácio, construído no início do século XX, em estilo neomourisco, na rua do Passeio; ao São Luiz, na rua do Catete; ou ao Odeon, na Cinelândia. Como segurança, nos primeiros tempos, apenas um ajudante de ordens. Mais adiante, por inspiração de seu irmão Benjamim, seria formada no palácio uma guarda pessoal, sob a chefia de Gregório Fortunato, que rivalizava com o serviço de segurança. Gregório era uma espécie de agregado da família Vargas desde os anos 20, quando integrara um corpo de provisórios. Premonitoriamente, Getúlio ponderou, em abril de 1941: "Esta guarda pessoal, embora composta de homens dedicados e fiéis que tenho pena de mandar embora, é para mim um motivo de constrangimento. Não gosto de andar cercado de capangas".

Dos passeios, às vezes, Getúlio regressava de táxi ao Guanabara. Gostava de conversar com o *chauffeur*, como anotou certo dia de novembro de 1932. Indagou ao motorista sobre os resultados práticos da mistura de álcool na gasolina, e o homem respondeu positivamente, mas não deixou de dizer que era preciso baixar o preço. Os passeios eram gratificantes para Getúlio, que era sempre saudado com respeito e recebia aplausos com ares de benevolência.

Se não era provinciano, Getúlio estava longe de ser cosmopolita. Limitou-se a curtas viagens à Bolívia, ao Paraguai e sobretudo à Argentina e ao Uruguai, dois países com os quais tinha intimidade desde a juventude. Recusou seguidos convites do presidente Roosevelt para visitar os Estados Unidos, enviando emissários em seu lugar, apesar de o presidente americano ter vindo ao Brasil em 1936 e 1943. No último caso, a visita se limitou a uma base militar no Nordeste, e Getúlio foi ao seu encontro.

A circulação de Getúlio concentrou-se essencialmente no Brasil, fosse para exercer atividades públicas, fosse para fins particulares, quando ia tratar-se, a conselho médico, nas estâncias de São Lourenço, Poços de Caldas e Caxambu. As idas a Petrópolis com a família eram frequentes, e ali, instalado no Palácio Rio Negro, sede de verão do governo, combinava descanso e tarefas burocráticas da Presidência. Nas páginas de seu diário, ele anotou a funda impressão que lhe causaram, nos anos 40, viagens à Amazônia e à região do Araguaia, esta última habitada por uma "população de caboclos, sofredora e paciente" e por tribos indígenas, de carajás e javaés, que o receberam de modo festivo. Aludiu também aos xavantes, "índios bravios e ariscos, que não querem contato nem com os civilizados, nem com outros índios".

Por mais que a realidade lhe fosse por vezes penosa e as decisões de governo envolvessem tensões, Getúlio tratou de manter os pés na terra, evitando recorrer não só à religião como também a bruxos ou astrólogos. Em seu diário, declara ser pouco supersticioso, mas não sem ironia refere-se a sua simpatia pelo número 13. Em dezembro de 1938, fica espantado com a credulidade do interventor de São Paulo, Adhemar de Barros, quando este lhe fala de seus contatos com os antepassados em sessões espíritas e lhe mostra pedras que teria recebido de mensageiros do espaço. Antes, porém, no início da revolução de 1932, sentiu-se alentado, num primeiro momento, pela informação de que o vidente Sana Khan, muito famoso na época, prognosticara a derrota paulista em poucas horas.

Vaidoso, mas avesso a ostentações, cada vez mais imbuído de seu crescente prestígio, Getúlio tinha costumes sóbrios. Era pouco dado a certas honrarias, como revela esta irônica anotação em seu diário, de 6 de novembro de 1934: "Recebi [...] o encarregado de negócios do México que veio me trazer a grã-cruz da Águia Asteca, com que me condecorou o governo mexicano. Já tenho uma boa coleção dessas latas pintadas que fazem as delícias de nossos diplomatas".

Como todo presidente da República, tinha de comparecer a inúmeras festividades e recepções, em geral muito aborrecidas. Mas gostava de algumas, particularmente as idas ao

Jockey Club, na Gávea. Era presença obrigatória nos dias em que se disputava o Grande Prêmio Brasil, o ponto máximo do *grand monde* carioca daquela época. Homem nascido no campo e em contato com o ambiente de fazenda ao longo da vida, Getúlio gostava também de participar de encontros e competições que lhe lembrassem a jamais abandonada referência gaúcha. Andava a cavalo, comparecia a churrascos promovidos pelos amigos e assistia a jogos de polo torcendo pelos gaúchos. Numa anotação em seu diário de setembro de 1934, ele diria: "Domingo, compareci ao jogo de polo no Gávea, onde a equipe de Dom Pedrito tirou o campeonato. Estava composta por quatro bravos oficiais do Exército, todos rio-grandenses, montados em cavalos *criollos* do Rio Grande".

Mas o esporte que praticou com entusiasmo, o golfe, nada tinha a ver com hábitos gaúchos ou brasileiros. Sempre que possível, ia ao Gávea Golf Club, e chegou a anotar em certos dias, no diário, exclusivamente uma referência ao golfe, ou à frustração pelo impedimento devido à chuva. Não era bom jogador, mas encontrava nesse jogo um derivativo para as responsabilidades do poder. Tanto assim que, em certa ocasião, em 1938, procurado por Átila Soares — na época membro do Tribunal de Contas do Distrito Federal — no Gávea para tratar de assuntos políticos, considerou o fato insólito, pois Átila vinha "perturbar esse meu único refúgio até então imune a boatos e politiquice". A impossibilidade de ir ao Gávea, cumulada com a de comparecer ao Jockey, causava-lhe irritação: "Não fui ao golfe porque prometera ir ao Jockey, e não fui ao Jockey por estar gripado. Um dia insultuoso".

A vida doméstica constituía uma parte não desprezível da vida de Getúlio. Sempre que possível, permanecia na residência palaciana aos domingos, descansando e lendo. Não tinha atração pelo carteado, nem pela bebida, limitando-se a um prosaico jogo de pingue-pongue ou a uma partida de dominó com Darcy. Mas a domesticidade tinha limites: Getúlio sempre teve encontros com outras mulheres. Seu gosto pelo teatro de revista tinha muito a ver com a atração que sentia pelas vedetes, a ponto de a mais famosa dentre elas, Virgínia Lane, querer se atribuir a glória de ser a amada de Getúlio.

De fato, a amada era outra. Nos meses que antecederam o Estado Novo, Getúlio viveu momentos de euforia amorosa, sentimento que deve ter reforçado sua determinação na esfera da vida pública. Entre 10 e 11 de abril de 1936, anotou em seu diário que conhecera, durante um passeio, Aimée Simões Lopes, "companhia alegre e inteligente". Em solteira, ela se chamava Aimée Sotto Mayor Sá, e se casara com Luís Simões Lopes, secretário da Presidência. Getúlio se apaixonara por uma mulher jovem, em torno dos 25 anos, descrita por ele como refinada e inteligente, que era casada com um amigo e assessor bastante próximo, circunstância não registrada por ele como problemática. A partir de abril de 1937, aparecem no diário referências a "um fato sentimental que me causa grande alegria" e, mais adiante, à "bem-amada". Com essa constante referência (*bien-aimé* — Aimée), Getúlio deixou uma pista talvez para que, no futuro, o nome de seu amor não fosse esquecido. No início de fevereiro de 1938, esse homem tão comedido referiu-se a um encontro, antes de uma curta viagem dela, lançando uma exclamação: "Fui ver a bem-amada, talvez a despedida, e foi magnífica!". Um mês depois, viajou a conselho médico a Poços de Caldas e São Lourenço. Lançou-se ali numa aventura arriscada, como reconhecia, pois estaria na companhia de Darcy e ao mesmo tempo da bem-amada. As anotações falam por si mesmas:

> Levanto-me cedo e vou ao *rendez-vous* previamente combinado. O encontro deu-se em plena floresta, à margem de uma estrada. Para que um homem de minha idade e da minha po-

sição corresse esse risco, seria preciso que um sentimento muito forte o impelisse. Tudo correu bem. Regressei feliz e satisfeito, sentindo que ela valia esse risco e até maiores.

Mas logo adiante, já em São Lourenço, pressente sombras que poderiam ameaçar sua felicidade. Depois de voltar a falar do indizível prazer que lhe proporcionam os encontros com Aimée e a motivação para trabalhar e produzir, conclui: "Sinto, porém, que não pode durar muito. Este segredo tem no seu bojo uma ameaça de temporal que pode desabar a cada instante". Ao longo dos dias, há indícios de que Darcy toma conhecimento dessa relação: Getúlio fala de "desconfiança", "crise doméstica", mas tudo indica que sua mulher preferiu evitar o anunciado temporal. No fim de maio, Aimée partiu com o marido para longe. Após essa viagem, teria ele encontrado sua amada? Se não há resposta para essa pergunta, há ao menos a certeza de que Getúlio voltou a ter encontros com jovens mulheres, mas sem o mesmo entusiasmo que Aimée despertara, como atesta a anotação de 9 de junho de 1938: "Retiro-me e vou a uma visita galante. Saio um tanto decepcionado. Não tem o encanto das anteriores. Foi-se o meu amor, e nada se lhe pode aproximar". Por fim, no réveillon de 1939, ele lança uma melancólica nota final: "E assim passou-se, para mim, o ano, tendo uma ponta de amargura por alguma coisa longínqua, que era a minha fina razão de viver".

Terminava a história de amor desse homem maduro, então com 55 anos, na qual ele arrostara muitos riscos. História breve, que durou de abril de 1937 a maio de 1938, guardada em segredo pelo protagonista e pela família até que a publicação do diário, em 1955, desse pistas da sua existência.

3. O Estado Novo: a modernização autoritária

Getúlio foi o único civil a chefiar no Brasil um regime ditatorial, embora as Forças Armadas e em particular o Exército tivessem papel decisivo na sua sustentação. Até que a conjuntura dos anos 1944-45 levasse a cúpula militar à deposição do presidente, este foi muito cioso de seu poder. Atendeu parte das seguidas reivindicações militares, sobretudo referentes ao reequipamento do Exército, mas muitas vezes recusou-as, em nome da austeridade financeira. Nas decisões vitais de política externa, sofreu também contínuas pressões dos setores neutralistas ou germanófilos, mas quando resolveu alinhar-se com as nações democráticas, enquadrou o general Dutra e muitos integralistas que ocupavam cargos no governo.

Entretanto, houve momentos em que a sensação de perseguido, de vítima de conspirações veio juntar-se a outra, excepcional: a de sentir-se refém dos militares. Veja-se, por exemplo, esta anotação no diário, de 29 de maio de 1939, escrita em tons dramáticos:

Estou à mercê do Exército, sem força que o controle, e sem autoridade pessoal e efetiva sobre ele. Estou só e calado para não demonstrar apreensão. As próprias pessoas de minha família passeando, na maior despreocupação. O inimigo esparso e difuso procura diluir as resistências. Veremos o que está para acontecer.

Essas palavras são bastante indicativas da sensação de insegurança de Getúlio, um homem calculista, mas acossado por muitos fantasmas. Seus temores se deviam antes ao clima palaciano, de rivalidades pessoais e futricas, do que a ameaças reais.

A NATUREZA DO REGIME

Na caracterização do regime político do Estado Novo, nota-se de saída sua intenção de inaugurar novos tempos, uma característica, aliás, da nomenclatura política brasileira: República Nova (pós-anos 30), Nova República (nos anos 80) e por aí afora. De fato, assumindo sem muitos disfarces os supostos méritos de uma ditadura, o discurso getulista tratou de apresentar o Estado Novo como a fórmula que permitiria, finalmente, realizar as tarefas de unificar o país, promover o desenvolvimento econômico, criar uma nova representação das classes produtoras e dos trabalhadores, introduzir enfim o governo técnico, acima da politicalha dos partidos. Tudo isso pressupunha atos simbólicos e realizações materiais. Um exemplo expressivo dos primeiros foi a solenidade de queima das bandeiras estaduais, promovida em dezembro de 1937 no Rio de Janeiro, em cerimônia ao ar livre. Assim se borrava o NEGO da bandeira paraibana (referência à negativa de João Pessoa a apoiar a candidatura Júlio Prestes em 1930), ou o arrogante *non ducor duco* da bandeira paulista. O Brasil brasileiro seria verde e amarelo, e seu dístico, "ordem e progresso", de inspiração positivista.

Como se situa o Estado Novo quando se pensa sua definição a partir dos conceitos distintos de totalitarismo e autoritarismo, como formas não democráticas de governo? Certamente com marcas próprias, o Estado Novo pode ser definido como um regime autoritário, semelhante a alguns vigentes na época no Leste Europeu e menos ao Portugal de Salazar.

O Estado Novo não era fascista, ainda que na época esse termo fosse, compreensivelmente, utilizado pela oposição para defini-lo. Também não se identificava com o paralisante conservadorismo salazarista nem com o regime de Franco, nascido dos escombros da guerra civil. Embora Getúlio aludisse à necessidade de dissolver todos os partidos para a constituição de um partido único logo após a implantação da ditadura, nunca levou a ideia a sério, e ela serviu como uma cortina de fumaça para despistar os integralistas. Quanto às mobilizações de massa, elas só surgiram nos últimos anos do regime, quando se tornaram um recurso de sua sustentação. Se se quiser definir o Estado Novo numa fórmula sintética, pode-se dizer que ele foi, a um tempo, autoritário e modernizador.

Do ponto de vista da representação de grupos e classes, teria sido o Estado Novo um regime corporativo? A própria definição não é simples, pois há concepções de corporativismo de inspirações e raízes diversas. Nos anos 20 e 30 do século xx, os teóricos do corporativismo fascista definiram-no como um sistema de representação de classes e grupos de interesses, reunidos conjuntamente em vários organismos, com o propósito de superar o individualismo e a luta de classes. A criação dos órgãos corporativos seria tarefa do Estado, a quem caberia promover a organização e a orientação dos grupos. O fim último do corporativismo consistiria em superar o dualismo entre política e economia, garantindo a supremacia das hierarquias técnicas, de modo a tornar possível uma economia programada, a única capaz de superar o liberalismo tradicional.

A partir daí, é necessário distinguir entre ideologia e prática, constatação que, se vale para o caso italiano, vale mais ainda para o brasileiro. A defesa do corporativismo, nos tempos do Estado Novo, surgiu persistente em publicações como a revista *Cultura Política* e os boletins editados pelo Ministério do Trabalho, sintetizando-se na afirmação de que representava o reverso do individualismo liberal, nosso modelo de "democracia autoritária", fundada na justiça social.

Na realidade, o corporativismo foi implantado parcialmente no Estado Novo, nunca chegando a consolidar, como aliás sucedeu também na Itália, instituições permanentes que abrigassem representantes das diferentes classes sociais. Ao mesmo tempo, a organização sindical e a criação dos chamados conselhos técnicos, já previstos na Constituição de 1934, foram nitidamente inspiradas no modelo corporativista de representação de interesses, papel que os partidos políticos proscritos não poderiam nem deveriam desempenhar.

A Carta de 1937 estabeleceu um imbróglio nos dispositivos sobre o Poder Legislativo, estatuindo que ele seria exercido pelo Parlamento Nacional — Câmara dos Deputados e Conselho Federal —, cujos membros deveriam ser eleitos por voto indireto, contando ainda com a colaboração do Conselho de Economia Nacional e do presidente da República. O Conselho de Economia seria um típico órgão corporativo, composto de representantes dos vários ramos da produção nacional, designados dentre pessoas qualificadas por sua competência especial, pelas associações profissionais ou sindicatos, reconhecidos por lei, garantida a igualdade de representação entre empregadores e empregados. Ocorre, porém, que nem o Parlamento Nacional, nem o Conselho de Economia tiveram existência a não ser no papel.

Dentre os conselhos técnicos, destacaram-se o Conselho Federal de Comércio Exterior (CFCE) e o Conselho Técnico de Economia e Finanças (CTEF). Criado em junho de 1934, antes portanto do Estado Novo, o CFCE participou da discussão e do delineamento de soluções para algumas questões prioritárias da época, tais como a instalação da indústria siderúrgica e o abastecimento de petróleo e derivados. Com o advento do Estado Novo, o órgão teve seus poderes ampliados, subordinando-se diretamente ao presidente da República, a quem cabia aprovar suas deliberações. Entre seus integrantes figuravam representantes dos principais ministérios, do Banco do Brasil e, a partir de sua ampliação, representantes do empresariado agrícola, industrial e comercial. O CFCE existiu até dezembro de 1949, quando cedeu lugar ao Conselho Nacional de Economia, previsto na Constituição de 1946.

Já o CTEF foi um produto do Estado Novo, tendo sido criado em novembro de 1937 como órgão de assessoria do Ministério da Fazenda, visando, principalmente, à racionalização do sistema tributário, ao disciplinamento dos empréstimos públicos externos e à padronização dos orçamentos estaduais e municipais. Ao mesmo tempo, o CTEF, que sobreviveu a mudanças institucionais, existindo até 1971, também discutiu e encaminhou soluções na área da siderurgia e do petróleo e interveio no debate em torno da organização de bancos destinados ao crédito industrial. Ao lado de nomes que representavam a elite administrativa do país, participavam como conselheiros figuras representativas do empresariado industrial, financeiro e comercial, tais como Valentim Bouças, Horácio Lafer, Guilherme Guinle e Guilherme da Silveira. O CTEF seria, assim, um importante canal de expressão dos interesses privados na máquina do Estado Novo.

Uma das tarefas importantes do Estado Novo foi dar início à construção de uma burocracia estatal, necessidade ditada pela centralização do poder e pela multiplicação de tarefas, em áreas que iam da economia à cultura. Admitidos os muitos limites, chegou-se à formação de uma burocracia que não se identificava com o estrito jogo dos interesses políticos. O grande instrumento de sua construção foi o Departamento Administrativo do Serviço Público (DASP), órgão previsto na Carta de 1937 e cujas atribuições foram fixadas e bastante ampliadas por um decreto-lei de julho de 1938. Competia ao DASP a elaboração da proposta de orçamento federal e a fiscalização de seu cumprimento, mas essa competência chocou-se, na prática, com as atribuições do Ministério da Fazenda. O importante papel do DASP, por muitos anos sob a liderança de Luís Simões Lopes, diz respeito à área do serviço público, que ganhou configuração e eficiência. Precederam a criação do DASP algumas reformas, como a instituição de concurso para ingresso na carreira, concedendo-se aos funcionários direitos e vantagens não assegurados aos demais assalariados, tais como a estabilidade após dois anos de serviço, licença-prêmio, percepção de quinquênios, aposentadoria integral por implemento de idade ou tempo de serviço.

Os cargos de confiança continuaram a existir. Respondendo a um misto de necessidade administrativa e favoritismo, a legislação foi muitas vezes ignorada em favor de afilhados, mas a estruturação de um aparelho burocrático representou um ganho relevante para o cumprimento das tarefas do governo nas diferentes áreas de atuação. Ao mesmo tempo, a reforma administrativa do Estado Novo trazia as marcas do regime: a excessiva centralização e uma estrita adesão a normas gerais, que limitavam as capacidades individuais, tendendo, com o decorrer do tempo, à rotinização das tarefas e à mediocridade do pessoal.

AS RELAÇÕES INTERNACIONAIS

As relações internacionais do Brasil ganharam relevância no Estado Novo e nos anos que o antecederam imediatamente, quando mais não fosse porque o período quase coincidiu com os anos da Segunda Guerra Mundial.

Essas relações podem ser contempladas em dois planos, com pontos de contato: o da área sul-americana, considerando-se a Argentina em particular, e o da cena mundial, cuja significação foi bem maior. Duas questões preocuparam a diplomacia brasileira nos anos 1930-45, além dos desencontros com a Argentina. A primeira delas foi a chamada questão de Letícia, cidade envolvida em controvérsias fronteiriças entre o Peru e a Colômbia, junto também à fronteira do Brasil. Os atritos resultaram em choques entre 1932 e 1933 e numa série de complicadas conversações diplomáticas, nas quais o Brasil acabaria tendo importante papel mediador, através do ministro do Exterior, Afrânio de Melo Franco. Daí resultou o chamado Protocolo do Rio de Janeiro (1934), em que Peru e Colômbia renunciaram a ações violentas e se regulou a navegação dos rios da região.

A outra questão, bem mais grave, foi a Guerra do Chaco, episódio tão mortífero quanto lamentável, em que se envolveram o Paraguai e a Bolívia, a partir de 1932. O Brasil tomou a iniciativa de buscar uma solução para o conflito, motivado principalmente pela ameaça de secessão do departamento boliviano de Santa Cruz, que poderia cair sob influência argentina. Getúlio entendeu-se diretamente com o general Justo, então presidente da Argentina, para que interferissem juntos na mediação da paz, afinal obtida em junho de 1935.

Se houve nesse caso entendimento entre o Brasil e a Argentina, nem por isso deixou de existir uma paranoia desenvolvida dos dois lados, em particular nos círculos militares, em torno das afirmações hegemônicas, que quase se transformou numa corrida armamentista. Por exemplo, em 1936, o arrendamento, pelos Estados Unidos, de seis destróieres ao Brasil foi visto com alarme pelo governo argentino, que na mesma época encomendou à Grã-Bretanha a construção de várias unidades para sua Marinha de Guerra, a fim de garantir sua superioridade naval.

Havia porém, ao mesmo tempo, razões objetivas para o entendimento entre os dois países, na medida em que suas relações comerciais eram cada vez mais significativas. Em 1940, o ministro do Exterior, Osvaldo Aranha, chegou a sugerir uma união aduaneira, aberta aos demais países limítrofes, obtendo uma enfática resposta favorável do ministro da Fazenda argentino. A proposta não chegou a concretizar-se, embora em acordo assinado em novembro de 1941 fosse reafirmado o propósito de se estabelecer de forma progressiva um regime de livre-intercâmbio que permitisse chegar a uma união aduaneira.

Muitas vezes as simpatias de Getúlio pela Argentina facilitaram a dissipação das nuvens escuras. Por exemplo, durante a Conferência de Chanceleres realizada no Rio de Janeiro em 1942, ele instou, por solicitação de Sumner Welles, subsecretário de Estado americano, com o ministro do Exterior argentino, para que seu país adotasse uma postura clara de rompimento com os países do Eixo. Entre outras ponderações, Getúlio lhe disse que a amizade argentino-brasileira era parte integrante de seu programa de governo. Não era apenas retórica. Ele insistiu dizendo que fora criado na fronteira com a Argentina e que sabia, assim, que a tendência dos dois povos era a de conhecer-se e estimar-se; quando havia diferenças e suscetibilidades, a culpa não era dos povos, e sim dos governos.

No plano das relações com as grandes potências, o jogo neutralista do governo até o início da Segunda Guerra Mundial seria cada vez mais ultrapassado pela necessidade de tomar uma decisão clara diante das forças em confronto. O círculo dos íntimos do poder dividia-se quanto aos rumos a tomar. De um lado, os neutralistas germanófilos, personificados em figuras como Filinto Müller, Góis Monteiro e Dutra, embora os militares fossem mais pragmáticos, dependendo de quem oferecesse melhores condições para a compra de armamentos; de outro, os americanófilos, cujo nome mais ostensivo era o de Osvaldo Aranha, apoiado por figuras como Sousa Costa e Ernâni Amaral Peixoto, genro de Getúlio, casado com sua filha Alzira, e interventor no estado do Rio de Janeiro.

Pessoalmente, embora sua conduta fosse ditada por razões de Estado, Getúlio revelava, a um tempo, simpatia ideológica e distância com relação aos países totalitários. Isso ficou muito claro quando os propósitos nacionalistas superaram afinidades doutrinárias no tratamento das comunidades de origem alemã do sul do país. Essas comunidades haviam criado uma cultura própria, com escolas e jornais na sua língua de origem, e uma parte de seus membros demonstrava simpatia pelo nazismo e por um partido nazista local. A partir de 1937, a legislação proibiu a existência de estabelecimentos de ensino em língua estrangeira, tendo como alvo principal as escolas alemãs. Muitas delas foram fechadas, e um confronto aberto se estabeleceu ao longo dos anos, culminando, em 1939, com a ocupação das principais regiões de colonização alemã por tropas do Exército, sob o rótulo de agentes da nacionalização. Os graves incidentes provocaram protestos do embaixador alemão, que Getúlio procurou contornar, mantendo-se porém inflexível em seus objetivos. Em fins de fevereiro de 1938, o presidente registrou em seu diário a visita e as pressões do embaixador, que ameaçou interromper o acordo comercial entre o Brasil e a Alemanha. Segundo Getúlio, além de tratar de acalmá-lo, lembrou-lhe que "a Alemanha é uma nação poderosa perante a qual o Brasil é um país mais fraco, mas por isso mesmo a nossa suscetibilidade nacional é maior: somos uma nação soberana, não somos colônia de ninguém, e nada poderemos aceitar que tenha um caráter de imposição".

Com relação aos países democráticos, Getúlio detestava solenemente os ingleses e tinha uma posição de simpatia para com os Estados Unidos e boas relações pessoais com o presidente Roosevelt. Quando este visitou o Brasil, em novembro de 1936, Getúlio registrou:

> O homem [...] é de uma simpatia irradiante, de um idealismo pacifista sincero, e o próprio defeito físico [resultante de poliomielite] que o torna um enfermo do corpo aperfeiçoa-lhe as qualidades morais e aumenta o interesse pela sua pessoa. É um orador claro, simples e cheio de imaginação, mas despido das hipérboles *criollas*.

Não obstante acreditar na sinceridade pessoal de Roosevelt no sentido de ajudar o Brasil política e militarmente, Getúlio não deixou de explorar as possibilidades de relações comerciais tanto com a Alemanha quanto com os Estados Unidos. Dois exemplos, entre muitos, datados de 1935 e 1936, antes pois da implantação do Estado Novo, revelam essa estratégia. Em 1935, o governo brasileiro assinou um acordo com os americanos que mantinha ou rebaixava as tarifas alfandegárias para mercadorias de ambas as partes. No ano seguinte, assinou um ajuste com a Alemanha tendo em vista principalmente a exportação de algodão, café, cítricos, couros, tabaco e carnes. Note-se, porém, que as relações com os Estados Unidos eram pautadas pelo livre-comércio, enquanto a Alemanha nazista só firmava acordos de compensação, segundo os quais os marcos gerados pelas exportações vinculavam-se a compras no mercado alemão, nessa moeda.

Também no caso da modernização das Forças Armadas,

que o conflito mundial tornava mais premente, o governo brasileiro oscilou entre as potências em confronto: o Exército fez grandes encomendas à Krupp, fabricante de armamentos alemã, enquanto a Marinha encomendou material bélico aos Estados Unidos e à Inglaterra. Se de um lado Getúlio foi hábil na realização do jogo enquanto foi possível, Roosevelt também o foi ao guiar-se por considerações mais amplas em suas relações com o governo brasileiro e deixando de ceder a pressões de setores econômicos de seu país.

Um discurso proferido por Getúlio em 11 de junho de 1940, a bordo do couraçado *Minas Gerais*, para uma plateia constituída pela cúpula militar, na comemoração do aniversário da Batalha do Riachuelo, foi interpretado por muitos como um claro indício de que o governo se inclinava a apoiar o nazifascismo. As embaixadas da Alemanha e da Itália demonstraram muita satisfação, e Mussolini enviou a Getúlio um telegrama em que expressava admiração por sua figura.

O discurso começava com uma breve defesa do pan-americanismo e logo enveredava para ataques à ordem liberal, falando de velhos sistemas e fórmulas antiquadas em declínio. Dizia que ao Estado cabia organizar as forças produtivas e elogiava "as nações fortes que se impõem pela organização baseada no sentimento da pátria e sustentando-se pela convicção da própria superioridade". A interpretação da fala suscitou e ainda suscita muitas versões. Ela ocorreu numa conjuntura em que a arrasadora ofensiva nazista na França tornava previsível a vitória dos países totalitários. Por outro lado, há quem afirme que o propósito de Getúlio era pressionar os Estados Unidos a se definirem no sentido de apoiar a implantação no país da indústria siderúrgica, num momento de impasse das negociações. Desse modo, não se deveria tomar ao pé da letra a retórica presidencial. Essa interpretação parece mais coerente com a estratégia de Getúlio de aproximar-se basicamente dos americanos, mas sem deixar de jogar a carta das relações comerciais com a Alemanha, incluindo a compra de armamentos. Tanto assim que logo após o controverso discurso foram retomadas as negociações com o governo americano para a instalação da usina siderúrgica de Volta Redonda.

Mas Getúlio percebeu que fora além da medida. Anotou em seu diário que o discurso tivera muita repercussão, "produzindo alguma surpresa pelo tom, julgado muito forte e, por outros, tido, insensatamente, como germanófilo". Ordenou que os jornais publicassem uma nota redigida pelos homens do Departamento de Imprensa e Propaganda (DIP), na qual se enfatizava a solidariedade americana na defesa continental e a neutralidade do Brasil em face da guerra na Europa. E fez mais: deu instruções ao embaixador do Brasil nos Estados Unidos, Carlos Martins, para que esclarecesse ao governo americano que "aquele discurso é [...] um aviso, um chamamento à realidade [...] destinado aos brasileiros e não pode causar estranheza a um espírito previdente como o presidente Roosevelt, que é um reformador de métodos e ideias antiquadas".

De fato, entre marchas e contramarchas, a colaboração entre o Brasil e os Estados Unidos vinha se estreitando desde os últimos meses de 1938. Em dezembro daquele ano, durante a VII Conferência Pan-Americana, realizada em Lima, o Brasil alinhou-se com os Estados Unidos na defesa de uma política de solidariedade continental diante do perigo iminente da deflagração de uma guerra mundial. Entretanto, a criação de um comitê consultivo permanente interamericano foi barrada pela negativa da Argentina, apesar do apelo pessoal do chanceler Osvaldo Aranha ao presidente Ricardo Ortiz.

Roosevelt escreveu a Getúlio, em janeiro de 1939, propondo que o ministro Osvaldo Aranha fosse aos Estados Unidos para conversar sobre as relações entre os dois países. A chamada missão Aranha, sob a chefia do ministro do Exterior, permaneceu nos Estados Unidos entre fevereiro e março. Em princípio, o governo americano declarou-se disposto a conceder ou intermediar financiamentos ao Brasil para projetos de desenvolvimento, para o reequilíbrio da situação financeira e para fins de reequipamento militar. Em troca, Aranha comprometeu-se a adotar uma política cambial mais flexível, retomar a curto prazo o serviço da dívida pública e obstar o comércio de compensação com a Alemanha. De imediato, ficou assentada a visita ao Brasil de uma missão militar chefiada pelo general George Marshall, seguida de uma visita do general Góis Monteiro aos Estados Unidos, iniciativa que foi concretizada.

Mas o ministro Osvaldo Aranha contrariou os propósitos do Exército e do ministro da Fazenda, Sousa Costa, que eram contra a retomada do pagamento da dívida externa, sob a alegação de que ela prejudicaria investimentos necessários à defesa e ao desenvolvimento do país. A cúpula militar, neutralista ou germanófila, indispunha-se também contra a atitude claramente pró-americana de Aranha, que fez um pronunciamento sobre o perigo nazista, apontando-o como "uma grande ameaça que pende sobre a humanidade civilizada". Mantendo ainda seu jogo de equilíbrio, em 24 de março, um dia depois da volta de Aranha ao Brasil, Getúlio discursou no Arsenal de Guerra, dizendo a certa altura: "Nada temos com a organização interna de outros países, como não aceitamos interferências estranhas na nossa organização". E foi além, desautorizando Aranha e anunciando ao embaixador Jefferson Caffery que o Brasil não efetivaria a promessa de normalizar o serviço da dívida a partir de 1º de julho daquele ano, como anunciara. Mas logo após fez um pagamento simbólico e negociou um novo acordo no ano seguinte.

O jogo entre o Brasil e as grandes potências teve fim com o ataque japonês a Pearl Harbor, em 7 de dezembro de 1941, do qual resultou a entrada ostensiva dos Estados Unidos no conflito mundial. No mesmo dia do ataque, Getúlio convocou o ministério, que o apoiou unanimemente na declaração de solidariedade aos Estados Unidos. Mas isso era pouco. Em fevereiro de 1942, o embaixador Jefferson Caffery escreveu a Getúlio pedindo permissão para o envio de pessoal técnico às bases aéreas de Belém, Natal e Recife, alegando a impossibilidade de os aviões americanos utilizarem a rota do Pacífico para chegar ao Extremo Oriente; solicitava também autorização para aumentar a pista do aeroporto de Fernando de Noronha, utilizado pelos americanos. Os pedidos foram prontamente atendidos, deles resultando a chegada não só de técnicos como de uns poucos fuzileiros navais ao Nordeste, fato aceito tacitamente pelo governo brasileiro.

A III Conferência de Chanceleres das Repúblicas Americanas, realizada na capital da República em janeiro de 1942, lembrou em alguns aspectos a VII Conferência Pan-Americana. Osvaldo Aranha, eleito presidente da conferência, juntamente com o representante americano, Sumner Welles, empenhou-se em obter uma resolução unânime de ruptura de relações com os países do Eixo. Mais uma vez, dada a oposição da Argentina e também do Chile, aprovou-se apenas uma recomendação nesse sentido. Vargas e Perón, tidos como próximos, divergiam fundamentalmente, assim, no campo da política externa: enquanto o primeiro se colocava ao lado dos países democráticos, Perón mantinha as estreitas relações com os governos da Alemanha e da Itália. Seria engano pensar, porém, que a aproximação de Getúlio com os Estados Unidos despertasse nele qualquer entusiasmo ou indicasse uma mudança de pensamento. Quase no final da conferência, em 27 de janeiro, Getúlio acabou se decidindo pelo rompimento com os países do Eixo, em reunião ministerial, não obstante a oposição de Góis Monteiro e Dutra. Mas, embora tenha sido recebido com satisfação pela opinião pública, o rompimento não produziu no presidente a mesma sensação. Premonitoriamente, numa autoconfidência, no mesmo dia, ele anotou em seu diário:

> Ao encerrar estas linhas, devo confessar que me invade uma certa tristeza. Grande parte desses elementos que aplaudem essa atitude, alguns poucos que até me caluniam, são os adversários do regime que fundei, e chego a duvidar que possa consolidá-lo para passar tranquilamente o governo ao meu substituto.

No dia seguinte, ao ouvir pelo rádio os discursos de encerramento da conferência, considerou-os todos marcados pela "retórica liberaloide, obsoleta e palavrosa", notando, com certa preocupação, que os oradores foram muito aplaudidos.

Infenso ao corte de relações, Dutra tinha razão em um ponto, quando ponderou a Getúlio que os navios mercantes brasileiros ficariam sujeitos a ataques dos submarinos alemães, em consequência da medida. De fato, uma série de torpedeamentos marcou os meses seguintes, enquanto a colaboração Brasil-Estados Unidos se acelerava no plano econômico e militar. O Export-Import Bank americano, ou Eximbank, ofereceu crédito para financiar a exploração de minério de ferro e para o aproveitamento da borracha, medidas que eram também do interesse dos Estados Unidos e da Inglaterra, e o Brasil teve asseguradas suas vendas de café e cacau, mesmo quando não fosse possível obter transporte para exportá-los. A colaboração militar se reforçou, com a criação de comissões mistas de defesa, enquanto militares americanos começaram a construir bases no Nordeste.

A luta contra o nazifascismo despertou as manifestações da classe média, tendo como vanguarda a União Nacional dos Estudantes (UNE), fundada em 1937. Entretanto, as disputas de facções governamentais não tinham se extinguido de todo, vindo à luz com o acidente de carro sofrido por Getúlio na Praia do Flamengo, quando retornava de Petrópolis para as comemorações de 1º de maio. As várias fraturas sofridas obrigaram o presidente a ficar três meses acamado em convalescença, algo afastado do dia a dia das atividades de governo. Agora a questão central era interna, girando em torno da atitude da polícia de Filinto Müller, disposta a reprimir as manifestações estudantis, que se avolumavam. Este piorou sua situação pessoal ao ter uma violenta altercação com o ministro interino da Justiça, Vasco Leitão da Cunha, partidário da aliança do Brasil com os Estados Unidos. Getúlio remanejou a equipe governamental numa linha moderadamente favorável aos setores que desejavam amenizar as facetas mais repressivas do regime, e entre outras demissões livrou-se de Francisco Campos e de Filinto Müller, que muito lhe haviam servido em outros momentos.

As ações dos submarinos alemães se encarregaram de definir de uma vez por todas a política externa em face da guerra. O torpedeamento de navios brasileiros transportando passageiros, em agosto de 1942, com a morte de 610 pessoas em apenas três dias, provocou indignação geral. As grandes manifestações nas maiores cidades brasileiras criaram um clima de união nacional contra a agressão do Eixo, abrangendo desde conservadores antifascistas até comunistas. Getúlio autorizou Osvaldo Aranha, no dia 21 de agosto, a enviar notas em que se comunicava aos governos da Alemanha e da Itália que os atos de guerra praticados contra o Brasil haviam criado um estado de beligerância. No dia 31 do mesmo mês, formalizou-se o estado de guerra em todo o território nacional. Curiosamente, só em junho de 1945, dois meses antes do fim do conflito dos países democráticos contra o Japão, foi que ocorreu a declaração de guerra do Brasil a esse país; isso, porém, não impediu uma série de medidas contra cidadãos japoneses aqui residentes.

Apesar da oposição dos ingleses, Getúlio decidiu enviar a Força Expedicionária Brasileira (FEB) para lutar na Itália. O governo Roosevelt apoiou a iniciativa, interessado em fortalecer ainda mais suas relações com o Brasil, tendo em conta também a inclinação pró-nazista da Argentina. Os primeiros contingentes brasileiros seguiram para a Europa em julho de 1944, somando, após novos envios, algo em torno de 25 mil homens. Getúlio evitou colocar no comando da feb um militar que tivesse prestígio político e pudesse ser visto, no retorno, como opção sucessória. Escolheu o general Mascarenhas de Morais, oficial sem ressonância política, conhecido por seguir à risca a disciplina militar.

A história da FEB tem um lado heroico, apesar dos horrores da guerra, e não foi maquinação americana, como alguns pretendem. A decisão de enviar os contingentes — exemplo único entre os países latino-americanos — resultou de fatores combinados, entre eles o interesse do governo Vargas em reforçar seu prestígio, considerando-se o entusiasmo da opinião pública pela iniciativa; o desejo de ter uma posição importante nas negociações do pós-guerra, especialmente no âmbito da Organização das Nações Unidas (ONU), de cuja organização as grandes potências já cogitavam.

Uma intensa propaganda veiculada pelos órgãos criados por Getúlio para promover seu governo e toda uma simbologia surgiram em função da FEB. As emissoras de rádio tocavam marchas de exaltação que associavam a luta na Itália à certeza da vitória e cantavam as belezas do país tropical aonde os pracinhas regressariam como heróis. Um bom exemplo é a "Canção do Expedicionário", música do maestro Spartaco Rossi com letra de um poeta então famoso, Guilherme de Almeida, que em 1932 compusera versos de estímulo à revolução paulista. A canção corria pelo mesmo trilho dos sambas exaltação de autoria de Ary Barroso, muito ouvidos até hoje. Começava com uma pergunta que era, ao mesmo tempo, uma afirmação:

Você sabe de onde eu venho?
Venho do morro do engenho,
Das selvas, dos cafezais,
Da boa terra do coco,
Da choupana onde um é pouco,
Dois é bom, três é demais.

E depois falava, entre tantas referências brasílicas, do luar do sertão, dos lábios de mel de Iracema, da Senhora Aparecida e do Senhor do Bonfim, para terminar com uma alusão ao céu "cheio de estrelas prateadas,/ que se ajoelham deslumbradas,/ fazendo o sinal da cruz". Dentre os símbolos, nenhum foi mais popular que a insígnia da cobra fumando, e fumando cachimbo, largamente difundida. Consta que era uma crítica aos que diziam ser mais fácil uma cobra fumar do que soldados brasileiros terem um bom desempenho na guerra.

Recrutados especialmente entre as classes populares, os pracinhas desfilaram pelas ruas do Rio de Janeiro, antes de partir, numa formação que trazia as marcas da discriminação étnica, pois os negros foram obrigados a ocupar os lugares internos, de menor visibilidade. Com pouco treinamento militar, os soldados brasileiros lutaram em condições adversas, em meio ao frio europeu, acumulando vitórias e derrotas. Morreram na Itália cerca de 460 homens, mais da metade na tentativa, alcançada após vários ataques, de tomar o Monte Castelo, situado cerca de mil metros acima do nível do mar. Esse episódio ficou para sempre associado ao esforço e ao sacrifício dos soldados brasileiros na guerra. Os desfiles de regresso dos pracinhas ao Brasil provocaram imenso entusiasmo popular, mas para o governo Vargas a feb se converteu num estorvo, na medida em que sua imagem associava-se à luta pela democracia. Dutra e Góis trataram de desmobilizar rapidamente os expedicionários, e eles foram proibidos de dar declarações públicas e até mesmo de andar uniformizados pelas ruas, portando medalhas e condecorações. Na vida civil, as associações de ex-combatentes lutaram para assegurar seus direitos, mas muitos enfrentaram dificuldades de emprego e sofreram as consequências traumáticas da guerra, entre elas distúrbios mentais e alcoolismo.

O DESENVOLVIMENTO ECONÔMICO

No curso do Estado Novo, o governo deu um impulso decisivo ao projeto de desenvolvimento, no qual a industrialização era o foco privilegiado. Mencionado por Getúlio já ao anunciar o golpe de 10 de novembro, o projeto ganharia forma em documento que ficaria conhecido como Carta de São Lourenço, dado a conhecer em entrevistas à imprensa, entre fevereiro e abril de 1938. Nele estabeleciam-se como pontos fundamentais a implantação de uma indústria de base, em particular a grande siderurgia, considerada indispensável para a industrialização do país; a nacionalização de jazidas minerais, quedas-d'água e outras fontes de energia; a nacionalização de bancos e companhias de seguros estrangeiros; a expansão da rede de transportes; o incremento da produção de carvão nacional; e a elaboração de políticas para diversificar as exportações; fazia-se ainda alusão à implantação do salário mínimo e à complementação da legislação trabalhista. O programa era vinculado ao grande objetivo de promover a unidade nacional e acabar com o contraste entre "os dois brasis, um político outro econômico, que não coincidem", apontando-se, a certa altura, "o sertão, o isolamento, a falta de contato como os únicos inimigos temíveis para a integridade do país".

A fim de minorar o problema da insuficiência de recursos necessários ao ambicioso projeto de desenvolvimento, o governo concedeu linhas especiais de crédito para a indústria nacional, compensando em parte a redução do fluxo de investimentos externos. Nesse sentido, foi importante a ação da carteira agrícola e industrial do Banco do Brasil e sobretudo do ctef, ambos criados em 1937. Este último emitiu vários pareceres sobre iniciativas governamentais, incluindo a criação de empresas e órgãos estatais destinados a incentivar os investimentos em setores estratégicos. Dentre essas empresas e órgãos, destacam-se o Conselho Nacional do Petróleo (1938), o Conselho Nacional de Águas e Energia Elétrica (1939), a Companhia Siderúrgica Nacional (1940), a Companhia Vale do Rio Doce (1942), a Fábrica Nacional de Motores (1943) e a Companhia Hidro-Elétrica do São Francisco (1945).

O êxito do projeto de desenvolvimento econômico, no Estado Novo, refere-se especialmente aos investimentos de infraestrutura e à indústria básica. Algumas áreas do setor privado ressentiram-se do problema da crescente obsolescência de seu maquinário, resultante das restrições impostas à importação. Em dados gerais, a indústria teve uma extraordinária taxa anual média de crescimento de 11,2% no período 1933-39 e de 5,4%, no período 1939-45. O incentivo à industrialização foi muitas vezes associado ao nacionalismo, mas Getúlio evitou mobilizar a nação numa cruzada nacionalista e tergiversou na aplicação de algumas medidas previstas na Carta de 1937, como as que determinavam a nacionalização progressiva das minas, jazidas e quedas-d'água, dos bancos e companhias de seguros.

A adoção de normas nesse sentido esteve sujeita a vários decretos-leis, que, muitas vezes, converteram os preceitos da Carta em letra morta. As empresas estrangeiras de energia elétrica, por exemplo, não foram tocadas. Um decreto-lei de abril de 1941, que estabelecia a data limite de 1º de julho de 1946 para que o capital de todos os bancos passasse às mãos de pessoas físicas brasileiras, em poucos meses seria alterado, excluindo-se das restrições os bancos das Repúblicas Americanas, expressão equivalente aos Estados Unidos. Mas, por outro lado, em janeiro de 1940, Getúlio editou o novo Código de Minas, vedando a participação de estrangeiros na mineração e na metalurgia.

Os casos da indústria do aço e do petróleo são elucidativos das decisões de Getúlio, e, mais ainda, no caso da siderurgia, da sua percepção de que o desenvolvimento da indústria básica, retórica nacionalista à parte, dependia de investimentos estrangeiros públicos ou privados, dada a exiguidade da poupança interna. A instalação de uma indústria do aço, insistente reivindicação da cúpula militar, foi um tema que ganhou atualidade, com a eclosão da Segunda Guerra Mundial. Ao longo de 1939, os entendimentos do governo brasileiro com a United States Steel Corporation — gigantesco grupo industrial liderado pelo banco Morgan — dominaram a cena, e um plano chegou a ser estabelecido para a instalação de uma indústria siderúrgica, da qual participariam a empresa americana, grupos privados e o governo brasileiro, não obstante as restrições da cúpula militar.

Entretanto, em janeiro de 1940, a U. S. Steel desistiu do empreendimento, por razões não inteiramente esclarecidas. Uma hipótese consistente sugere que a empresa, duramente atingida pela crise de 1929 e pela recessão, acabou concluindo pela inviabilidade de arriscar-se a investimentos no Brasil. A versão oficial da U.S. Steel referiu-se "à grande incerteza nos assuntos brasileiros" e à possibilidade de os interesses estrangeiros serem alvo de ataques, tornando demasiado arriscada a operação. Essas afirmativas parecem revelar o prévio conhecimento de estudos para a aprovação do novo Código de Minas, mas é possível também que o código tenha sido editado como resposta à atitude da empresa americana. Em seu diário, Getúlio limitou-se a anotar que a United States Steel condicionara a cooperação à retomada do pagamento da dívida externa, considerando o rompimento "uma má notícia".

Seguiu-se uma fase de marchas e contramarchas, em que Getúlio anunciou a formação de uma empresa nacional, sem fechar inteiramente as portas à associação com empresas estrangeiras. Por fim, em julho de 1940, chegou-se a um entendimento, pelo qual seria formada a usina de Volta Redonda, a partir de créditos concedidos pelo Eximbank e de recursos do governo brasileiro, sem a participação de capitais estrangeiros. O controle da empresa ficou nas mãos da Companhia Siderúrgica Nacional (CSN), empresa de economia mista, com capital majoritário estatal.

O caso do petróleo, nos anos do Estado Novo, é diverso do caso do aço. O Brasil ainda estava longe da premência de obter petróleo e das campanhas pelo monopólio estatal que marcaram o início dos anos 50. Até meados de 1939, quando se descobriram jazidas na Bahia, a questão parecia estar restrita às refinarias. Mesmo depois da descoberta, a produção foi insignificante, e as dúvidas quanto às reservas permaneceram até os anos 1950. Por essas razões, as divergências a respeito da política do petróleo eram maiores do que no tocante ao aço, e o próprio Exército dividiu-se sobre o assunto, embora tenham partido dele as principais iniciativas.

Depois de algumas ações de industriais brasileiros e das grandes companhias estrangeiras no sentido de instalar refinarias no país, Getúlio baixou um decreto-lei, em abril de 1938, que nacionalizava a indústria de refinação de petróleo, fosse importado, ou de produção nacional. A nacionalização significava que o capital, a direção e a gerência das empresas deveriam ficar nas mãos de brasileiros, e não correspondia, portanto, ao monopólio estatal. O mesmo decreto criou o Conselho Nacional do Petróleo (CNP), constituído de pessoas designadas pelo presidente da República. Os setores do Exército favoráveis a uma ampliação do controle do Estado dominaram o CNP, entre 1938 e meados de 1943, sob a gestão do general Horta Barbosa. Mas suas tentativas de estabelecer grandes refinarias estatais falharam, por pressão dos grupos de interesses, do ministro Sousa Costa e por opção do próprio presidente. A demissão de Horta Barbosa, em meados de 1943, simbolizaria a interrupção da defesa do monopólio estatal na área petrolífera, que só reapareceria, com outros contornos, quase dez anos mais tarde.

A partir do rompimento de relações do Brasil com a Alemanha e a Itália, o estreitamento das relações com os Estados Unidos propiciou uma série de acordos, versando principalmente sobre questões comerciais e a dívida externa. Nos primeiros meses de 1942, o ministro Sousa Costa chefiou uma missão aos Estados Unidos, resultando desse encontro os Acordos de Washington. Um dos itens principais das conversações, do ponto de vista do Brasil, dizia respeito ao fornecimento de material bélico. Nessa altura, Getúlio enfatizou a Sousa Costa a necessidade de os americanos honrarem promessas anteriores cujo descumprimento provocava mal-estar nas Forças Armadas, e chegou a invocar, simpatias à parte, o perigo que a Argentina representava no contexto da América do Sul. Em telegrama a Sousa Costa ele aludiu a ameaças argentinas na fronteira, "já agora em combinação com agentes nazistas". Ao menos a presença de agentes nazistas, diga-se de passagem, era uma realidade. As pressões do governo brasileiro alcançaram bons resultados, e acordos assinados nos meses seguintes permitiram ao Brasil a aquisição de equipamentos militares nos Estados Unidos, em condições bastante favoráveis, muito embora os americanos estivessem bem mais interessados no papel estratégico do Nordeste do que na disputa pela hegemonia entre o Brasil e a Argentina.

Por outro lado, nos Acordos de Washington ficou definida a compra, pelos americanos, da produção de borracha que excedesse as necessidades industriais do Brasil; a compra de uma cota fixa de café, a preço estável, pondo fim a controvérsias nesse setor; a transferência para o governo brasileiro da Itabira Iron Company, controlada pelo megaempresário americano Percival Farquhar, e da ferrovia Vitória-Minas, numa operação que deu origem à Companhia Vale do Rio Doce, destinada ao fornecimento de minério de ferro em grande escala. Nos meses seguintes, acordos complementares garantiram um fluxo permanente de produtos como cacau, algodão e cristal de rocha para os Estados Unidos. De modo geral, a importância dos Acordos de Washington para o comércio exterior brasileiro foi bastante significativa. Estima-se que cerca de 60% das exportações entre 1942 e 1943 corresponderam a negócios a eles relacionados.

Ainda em 1942, chegou ao Brasil a missão Cooke, com o objetivo de examinar as possibilidades de incentivar a industrialização do país com colaboração americana, mas o relatório final da missão indicou a existência de entraves econômicos e institucionais para a ampliação dos investimentos estrangeiros.

Os Acordos de Washington deram origem a vários ajustes a respeito da produção, consumo e exportação da borracha brasileira, porém não sem atritos entre os governos brasileiro e americano. O governo Vargas, grandiosamente, rotulou a expansão da produção amazônica de Batalha da Borracha — uma batalha que teve pouco resultado em termos econômicos e representou um desastre social. Embora a conjuntura de guerra tenha sido um fator muito importante para que se fizesse essa opção, vale lembrar que o tema da colonização da Amazônia, com propósitos econômicos, já aparecia na plataforma da Aliança Liberal, lida por Getúlio na Esplanada do Castelo em janeiro de 1930. Getúlio enfatizava então a importância da borracha, tão indispensável, nos países industriais, como o ferro, o carvão e o petróleo, assinalando que o Brasil deveria esforçar-se para recuperar sua significativa posição de outros tempos nos mercados internacionais. Advertia que a simples exportação da matéria-prima não daria a chave do problema, sendo necessária também a industrialização do produto para o mercado interno. Para tanto, era preciso sanear e povoar as zonas produtoras, pois uma das muitas dificuldades em que se tropeçava na Amazônia era a da escassez de braços, suprível somente pelo encaminhamento de correntes migratórias.

O tema ficou por mais de dez anos no plano da retórica, até que os fatos se encarregaram de recolocá-lo, agora em termos práticos. A entrada do Japão na guerra bloqueou o fornecimento de borracha asiática — um item de importância fundamental para os Estados Unidos e a Inglaterra, que necessitavam ainda mais do produto devido ao esforço de guerra. A saída, aparentemente, consistia em expandir a extração de látex nos seringais da Amazônia brasileira, retomando uma atividade que vegetava havia anos. Desse modo, o governo americano dispôs-se a investir maciçamente num grande empreendimento, que previa assentar 100 mil trabalhadores na região.

Para o governo Vargas, além de prováveis vantagens econômicas, o esquema parecia uma oportunidade no sentido de minorar o problema do desemprego da mão de obra rural, agravado por uma seca particularmente grave que atingiu o Ceará entre 1941 e 1942. Vários órgãos foram encarregados do gerenciamento do programa, tanto do lado brasileiro quanto do americano. No caso brasileiro, teve relevância o Serviço Especial de Mobilização de Trabalhadores para a Amazônia (SEMTA), que recrutou trabalhadores em vários pontos do país, especialmente no Nordeste. O artista plástico suíço Pierre Chabloz foi contratado pelo SEMTA para desenhar cartazes de propaganda. O homem foi além, pois criou mapas dos biotipos nordestinos para orientar a seleção de candidatos. Nesse delírio, estabeleceu os tipos normolíneo, brevilíneo — mais desvalorizado — e disgenopata, com joelhos arcados e inferioridade psíquica, retratado como débil mental.

Calcula-se que a metade dos 60 mil trabalhadores transplantados para a Amazônia morreu vítima de doenças agravadas pelas condições de habitação e higiene. No fim da guerra, as razões que tinham justificado o empreendimento deixaram de existir. Os seringueiros foram esquecidos, num grau ainda maior do que ocorreu com os pracinhas, embora nos dois casos tenha sido criada uma legislação protetora.

Apesar das dificuldades impostas ao comércio internacional pela guerra submarina, a balança comercial do país evoluiu favoravelmente. Os preços dos produtos exportados aumentaram, dada a crescente demanda, e o volume de importações caiu. O governo fixou a taxa cambial acima do valor vigente no mercado livre para contrabalançar as tendências à sobrevalorização da moeda nacional, em virtude da acumulação de divisas, especialmente no exterior. Esse quadro possibilitou a resolução temporária do problema da dívida externa, através de um acordo, firmado em novembro de 1943, que oferecia alternativas aos credores internacionais. Nos dois anos seguintes, o saldo em circulação da dívida seria consideravelmente reduzido, e o pagamento anual foi coberto pelos saldos da balança comercial. Quase um mês após a assinatura do acordo, num discurso de homenagem que lhe prestou a FIESP, um Getúlio otimista afirmou que o maior proveito da operação consistia "na possibilidade de realizarmos o plano de industrialização progressiva do país no imediato pós-guerra".

Mas se o problema da dívida saía provisoriamente de cena, outro ocuparia seu lugar: o do crescimento da inflação. O índice de elevação do custo de vida, medido nas grandes cidades, saltou da média de 6,6% ao ano entre 1934 e 1940 para 11% em 1941, 12% em 1942, 15% em 1943 e 27,3% em 1944. O quadro inflacionário foi gerado pela falta de produtos importados, que se de um lado favorecia a balança comercial, de outro redundava em inflação; e pelo ônus da substituição de importações, com a oferta no mercado interno de bens produzidos, em vários casos, com custos mais elevados. Um clima especulativo, marcado pela acumulação de estoques pelas empresas e a obtenção de lucros extraordinários, teve como resposta, ainda que insuficiente, a adoção de vários controles governamentais.

Em outubro de 1942, houve o início de uma corrida aos bancos, inclusive ao Banco do Brasil, o que ameaçava provocar o colapso do sistema financeiro. Diante desse quadro, o governo decretou feriado bancário por uma semana e anunciou a adoção de nova unidade monetária, o cruzeiro, com valor de um mil-réis. Todo esse quadro relacionou-se com a queda de Getúlio, em 29 de outubro de 1945, como se verá adiante, no capítulo que trata do processo político daqueles anos.

OS CONTROLES REPRESSIVOS E A CONSTRUÇÃO DA IMAGEM DE GETÚLIO

Os objetivos de controlar a informação e de promover a imagem do governo Vargas não nasceram com o Estado Novo, tendo sido vislumbrados desde os primeiros tempos, quando em 1931 foi criado o Departamento Oficial de Publicidade. Não parece ser estranho a essa iniciativa o surgimento de canções populares exaltando a figura de Getúlio, dentre as quais se destaca "Gê-Gê (seu Getúlio)", de Lamartine Babo, composta em 1931 e cantada por Almirante, com estes versos de abertura:

> *Só mesmo com revolução,*
> *graças ao rádio e ao parabelo,*
> *nós vamos ter transformação*
> *neste Brasil verde e amarelo.*

aos quais se segue a enunciação soletrada do nome Getúlio, com uma inventiva impossível de reproduzir num texto escrito.

Em 1934, foi criado no Ministério da Justiça o Departamento de Propaganda e Difusão Cultural (DPDC), denominado, em 1938, Departamento Nacional de Propaganda (DNP), que funcionou até 1939. Mas esses órgãos foram muito modestos em comparação com todo o arcabouço institucional criado no curso do Estado Novo para promover as glórias do regime e a figura de Getúlio Vargas. O instrumento principal desses objetivos foi o Departamento de Imprensa e Propaganda (DIP), criado em dezembro de 1939 em substituição ao DPDC. O principal dirigente do DIP, órgão subordinado diretamente ao presidente da República nos primeiros tempos, foi Lourival Fontes, que já estivera à frente do DPDC. Nascido em Sergipe, numa família pobre e numerosa, Lourival Fontes educou-se com dificuldade e conseguiu formar-se pela Faculdade de Direito do Rio de Janeiro, em 1928. No início dos anos 30, revelou-se um entusiasta do fascismo e da figura de Mussolini, fundou revistas como *Hierarquia*, aproximou-se de Getúlio e começou a ocupar cargos públicos, obtendo a confiança do presidente.

O DIP exerceu amplas funções, utilizando e controlando o cinema, o rádio, o teatro, a imprensa, a literatura social e política. No esforço por sanear as mentes e calar os inimigos do regime, proibiu-se a entrada no país de publicações "nocivas aos interesses brasileiros", agiu-se junto à imprensa estrangeira no sentido de evitar que fossem divulgadas informações "nocivas ao crédito e à cultura do país". O DIP censurou desde músicas carnavalescas até a grande imprensa, subornou jornalistas, subvencionou jornais, dirigiu a transmissão radiofônica diária da *Hora do Brasil* etc. As ações repressivas combinavam-se com as afirmativas. Os valores mais caros ao Estado Novo — o nacionalismo, a valorização do trabalho — foram promovidos de inúmeras formas, utilizando desde textos escritos até o incentivo a compositores de música popular. Note-se, com relação a este último aspecto, a série de sambas-exaltação de Ary Barroso e as canções de promoção do trabalho, de autores variados, tendo como reverso a condenação da malandragem. Em 1939, uma portaria proibiu a valorização desta última e, no ano seguinte, o DIP "aconselhou" os compositores a adotar "temas de exaltação ao trabalho e de condenação à boemia". A diretriz do DIP incentivava a composição de sambas do gênero de "O bonde de São Januário", de Ataulfo Alves e Wilson Batista, composto em 1941 e que começa assim:

> *Quem trabalha é que tem razão,*
> *eu digo e não tenho medo de errar:*
> *o Bonde de São Januário*
> *leva mais um operário,*
> *sou eu que vou trabalhar.*

Aparentemente, tratava-se de um malandro arrependido que confessa, no correr da letra, a falta de juízo no passado e a certeza de que "a boemia não dá camisa a ninguém". Mas para que não se tome o samba muito a sério, é preciso lembrar que ele deu origem a várias paródias, uma delas quem sabe até do próprio Wilson Batista, flamenguista fanático, que dizia a certa altura: "O bonde São Januário/ leva um português otário/ Pra ver o Vasco apanhar".

Por outro lado, após a definitiva aproximação entre Brasil e Estados Unidos, no curso da Segunda Guerra Mundial, a música popular brasileira veio a ser instrumentada a serviço da chamada política da boa vizinhança. Como se sabe, com seus turbantes, imensas cestas de frutas tropicais na cabeça e saltos altos coloridos, Carmen Miranda, em Hollywood, encarnou o Brasil exótico, distanciando-se da excepcional cantora bem brasileira, embora nascida em Portugal, que fora no Brasil. Sua irmã Aurora, deixada muitas vezes na sombra pelo prestígio da irmã, fascinou o Pato Donald em *Você já foi à Bahia?*, uma produção de Walt Disney.

O DIP incentivou a publicação de livros para a juventude e folhetos de literatura de cordel. Embora a figura de Getúlio apareça já nos primeiros tempos do governo provisório nessa literatura, foi a partir do Estado Novo que mais se cantaram as inexcedíveis virtudes dele e do regime. Um dos textos mais significativos surgiu no Recife em 1938, da lavra do poeta João Martins de Ataíde, com a seguinte epígrafe: "Homenagem da música sertaneja ao grande chefe da nação, dr. Getúlio Dornelles Vargas, e ao digno interventor pernambucano, Agamenon Sérgio Magalhães". O poeta canta, nesse poema, as virtudes de um corajoso, humano e sorridente líder dos brasileiros:

> *O que há de mais importante*
> *na vida do presidente*
> *é que ele tudo resolve*
> *com um sorriso, calmamente,*
> *livrando sempre o Brasil*
> *da infame guerra civil*
> *que apavora nossa gente.*
>
> *As lutas de trinta e dois,*
> *trinta e cinco e trinta e sete,*
> *nas mãos de um homem tirano,*
> *sangue virava confete.*

Mas o nosso presidente,
julga tudo humanamente,
ninguém mais nunca se mete.

Depois de louvar as leis trabalhistas, Ataíde nos surpreende ainda mais, comparando favoravelmente o Brasil aos demais países do mundo:

Nos países estrangeiros
se trabalha todo o dia
só se recebe comida
e uma pequena quantia;
o operário é do Estado,
seu trabalho escravizado
não tem a menor valia.

O DIP publicou várias revistas, destacando-se dentre elas *Cultura Política — Revista Mensal de Estudos Brasileiros*, sob a direção de Almir de Andrade. Nessa publicação escreveram os principais ideólogos do regime, como Francisco Campos, Oliveira Viana, Azevedo Amaral e Cassiano Ricardo, e também intelectuais adversários do regime, como Nelson Werneck Sodré, Graciliano Ramos e Gilberto Freyre, que se restringiram a temas das áreas de história, folclore e literatura. Esse é um bom indício da forma como os líderes do Estado Novo se relacionavam com os intelectuais, assumindo uma postura diversa daquela que teriam mais tarde os homens do regime militar implantado em 1964.

Intelectuais e artistas não se deixavam levar apenas pela sedução material, que em muitos casos era pouco significativa, mas também pelo prestígio pessoal e pelo incentivo do Estado a iniciativas de vanguarda. Comparativamente, o Estado Novo se distinguiu de outros regimes ditatoriais, como é o caso típico do nazismo, que promoveu formas tradicionais de expressão e o monumentalismo arquitetônico, denunciando o modernismo como arte degenerada. Papel central teve o ministro Gustavo Capanema, ocupante da pasta da Educação e Saúde Pública de julho de 1934 a outubro de 1945, um defensor do autoritarismo na política e, ao mesmo tempo, do pluralismo e da livre expressão nas artes. Isso apesar da bajulação a que se entregou, atribuindo todas as realizações a Getúlio, "mecenas cultural comparável a Cosme de Médici", e mais ainda, na inauguração do Museu Imperial de Petrópolis, em março de 1943, quando, diante do presidente, Capanema referiu-se a ele como "parente de Péricles, parente de Augusto, parente de Luís XIV, o rei-sol, parente de todos esses grandes homens de Estado que encheram a história de fulgor e beleza".

O vanguardismo abrangeu a música clássica, a pintura, a arquitetura, entre outros campos. Heitor Villa-Lobos, o mais importante compositor brasileiro de música clássica, que em 1932 fora nomeado superintendente de educação musical e artística do Distrito Federal, instituiu grandes corais orfeônicos, que se apresentavam ao grande público nas datas nacionais e na celebração do Estado Novo. Lúcio Costa, com a colaboração de vários arquitetos, entre eles Oscar Niemeyer, projetou, a partir de um esboço do arquiteto francês Le Corbusier, que esteve no Brasil em mais de uma ocasião, o edifício sede do Ministério da Educação, no Rio de Janeiro, hoje chamado Palácio Gustavo Capanema. O ministro Capanema garantiu a execução do projeto do grupo liderado por Lúcio Costa, mesmo após a realização de um concurso, recusando-se simplesmente a mandar executar o projeto vencedor, cujo prêmio foi pago, ao escolher o grupo liderado por Lúcio Costa. Nem tudo, porém, pode ser encarado da ótica do vanguardismo. Assim, o arrojado prédio do MEC contrastaria com edifícios acadêmicos, suntuosos e imponentes na sua representação do poder, como foi o caso dos prédios do Ministério da Fazenda, do Trabalho e do Exército, erguidos na capital da República.

Em resumo, no plano da cultura em geral e das manifestações artísticas, o Estado Novo revelou uma face complexa e contraditória. Atraiu intelectuais, abriu espaço à expressão da arte de vanguarda e tratou de preservar o patrimônio histórico nacional. Ao mesmo tempo, cerceou a liberdade de expressão, promovendo a censura, e utilizou as atividades culturais como instrumento de legitimação do regime.

Getúlio inaugurou no Brasil as presidências carismáticas. Até então, os presidentes que se sucederam ao longo da Primeira República podiam prescindir desse atributo, aqui definido em seu sentido mais amplo, como forma peculiar de poder baseada na capacidade real ou imaginária de um líder, que cria uma relação direta, maior ou menor, com seus liderados.

As lideranças marcadamente carismáticas são mais associadas a regimes totalitários, nos quais o poder se concentra numa figura e em que há uma relação simbólica direta entre o líder e as massas. Entretanto, os regimes democráticos não podem prescindir do carisma como recurso de poder, por duas razões básicas. Em primeiro lugar, pela existência em determinadas sociedades, entre as quais se inclui a brasileira, de uma cultura política em que tem relevância a sempre presente expectativa da ação de um herói salvador, eleito ou consagrado, atendendo a aspirações das camadas mais carentes, mas não só delas. Depois, porque o carisma se tornou um instrumento valioso, na medida em que a sociedade de massas combinou-se com a emergência da sociedade de espetáculo, para usar uma expressão banalizada, mas verdadeira. No caso brasileiro, a partir de Getúlio, todos os presidentes exibiram traços carismáticos, ainda que muito diversos entre si, com algumas exceções. Mas é significativo lembrar que as exceções são representadas pelos generais presidentes do regime de 1964 e pelo general Dutra, não por acaso também um militar.

Em que medida o tipo físico e o estilo de Getúlio facilitaram a construção de sua figura carismática? Baixinho, com 1,57 metro de altura, ele evitava pôr-se ao lado de interlocutores para impedir que a diferença de porte se traduzisse em inferioridade. Quando recebeu a primeira carteira de trabalho expedida no país, de número 001, o Ministério do Trabalho teve a gentileza de atribuir-lhe três centímetros a mais.

A fala discursiva de Getúlio era monótona, solene e retórica, apesar da admiração que ele demonstrava pelos discursos enxutos de Roosevelt. Getúlio costumava pedir aos revisores ou autores de seus discursos — Ronald de Carvalho, Luiz Vergara, Maciel Filho, Andrade Queiroz — que "podassem as quixotadas", ou seja, o estilo rebuscado. Mas, segundo sua filha Alzira, muitas vezes acabava repondo as tais quixotadas, pois as considerava poéticas. Esse homem contido evitava a emoção nos enunciados, escandindo uniformemente as palavras, pronunciadas com o sotaque da Campanha, que sempre tratava de evidenciar.

Nos seus trajes e hábitos, nada traduzia uma intenção popularesca. Ao contrário, fumava charutos, caricaturados como se apontassem em riste para o alto, um hábito por muito tempo vinculado à figura de insaciáveis banqueiros. Não se sentia atraído pelo futebol; sua paixão era o golfe, um jogo até hoje associado ao esnobismo. Mas era ao mesmo tempo um homem que evitava ostentações, cultivando com naturalidade um estilo de vida sóbrio.

O conteúdo de sua fala acentuava o propósito de atender às carências dos humildes — nomenclatura vaga, mas eficaz — e mais precisamente aos trabalhadores, nos discursos de 1º de maio. Essas referências eram inusitadas nas falas presidenciais antes de 1930. A exortação "Trabalhadores do Brasil", que inaugurava os discursos do Dia do Trabalho, provocava desprezo ou contrariedade entre os silenciados opositores, mas calava fundo nas camadas pobres da população.

Na construção da figura pública de Getúlio, esquece-se muitas vezes o papel desempenhado por sua mulher, Darcy. Nos anos do Estado Novo, liberada da tarefa da educação dos filhos, ela aparecia em solenidades públicas, simbolizando, ao lado do marido, no papel de primeira-dama, o valor da família bem constituída. Mais do que isso, empenhou-se em atividades assistenciais de grande visibilidade, como a Fundação Darcy Vargas, que tinha como um de seus ramos a Casa do Pequeno Jornaleiro, financiada principalmente pelos empresários da informação. Por essa via, estabelecia-se um canal de entendimento entre a grande imprensa e o governo.

A primeira-dama assumiu a presidência da Legião Brasileira de Assistência (LBA), criada em 1942, inaugurando o modelo segundo o qual as mulheres dos presidentes presidiriam a instituição até sua extinção, em 1995. Criada para amparar os soldados brasileiros que iam lutar na Segunda Guerra Mundial, a LBA logo converteu-se também, ao menos nos propósitos, em órgão destinado a dar assistência social aos mais pobres, não amparados pelas políticas trabalhista e previdenciária. Desse modo, sem que se negue a sinceridade dos propósitos filantrópicos de Darcy Vargas, suas iniciativas assistenciais e sua imagem contribuíram para reforçar o prestígio de Getúlio.

Por sua vez, os órgãos de propaganda converteram em virtude traços físicos como a altura do presidente, transformando-o no "nosso querido baixinho", um verdadeiro gigante pela força de vontade e pelas realizações. Um detalhe de sua figura foi extremamente valorizado — o famoso sorriso, enigmático para os adversários, confortante para os admiradores. O sorriso foi tematizado de muitas formas e em muitos lugares, figurando, por exemplo, como título de um livreto apologético — *O sorriso do presidente Vargas* —, encomendado pelo DIP para distribuição nas escolas, e como referência num samba que fez parte da campanha eleitoral de 1950, como se verá adiante. Houve até gradações do sorriso, indo do meio sorriso, mais comum, até a gargalhada. Para o retrato oficial, estampado nas repartições públicas, nas salas de aula, nos aeroportos, nas estações ferroviárias etc., preferiu-se a sobriedade da roupa escura e o "sorriso de Mona Lisa", na expressão irônica de Oswald de Andrade. Nos anos de apogeu do Estado Novo, ressalvadas as famílias oposicionistas de algum modo envolvidas na vida política, Getúlio foi a encarnação do país para as novas gerações. Sua imagem aparecia em toda parte, sempre associada à grande tarefa da construção da nacionalidade. O Ministério da Educação, sob o comando do ministro Capanema, promoveu valores e atitudes como o amor à pátria, o sereno otimismo quanto ao poder e o destino de nossa raça, controlando com esses objetivos os manuais escolares, submetidos, a partir de 1938, ao prévio exame da Comissão Nacional do Livro Didático. Alguns anos mais tarde, em 1942, a Lei Orgânica do Ensino Secundário, que introduziu significativas modificações nesse nível escolar, continha na exposição de motivos encaminhada ao presidente a advertência de que cada programa de disciplina seria, tanto quanto possível, marcado pelo sentido patriótico e pela preocupação moral.

    O cinema, a imprensa e principalmente o rádio — cuja amplitude era muito maior que a dos outros meios de comunicação — foram os instrumentos mais importantes na divulgação das imensas virtudes do presidente Vargas e das glórias do Estado Novo. Numa época ainda distante da transmissão quase instantânea de imagens, o *Cinejornal Brasileiro*, produzido pelo DIP, levava às telas dos cinemas a figura de Getúlio, aproximando-a dos espectadores. Era o presidente visitando escolas, hospitais, cortando fitas de inauguração das mais variadas obras, com o que se tratava de associar, na mente das pessoas, os valores da educação, da solidariedade social e do desenvolvimento econômico. Não faltaram também, como lembra Henrique Pongetti — um dos homens que cuidavam da propaganda cinematográfica —, montagens de Getúlio dando excelentes tacadas no golfe, ele, que era sabidamente ruim na prática daquele esporte.

A imprensa censurada promovia também os feitos governamentais. As vozes opositoras foram abafadas, como aconteceu com o jornal O *Estado de São Paulo*, de propriedade da família Mesquita, cuja sede foi invadida pela polícia em março de 1940, permanecendo o jornal sob intervenção até o fim do Estado Novo.

A instrumentação do rádio ganhou impulso, em 1938, com a instituição da *Hora do Brasil*, transmissão oficial em cadeia nacional, não obrigatória, a partir dos estúdios da Rádio Guanabara. De dezembro de 1939 em diante, com a edição de um decreto que regulou minuciosamente a radiodifusão, o programa passou a ser obrigatório, e o DIP assumiu seu controle.

A estatização da Rádio Nacional, em 1940, foi outro marco do processo de instrumentação. O aumento de potência da emissora e a transmissão também em ondas curtas, a partir de 1942, possibilitaram à Rádio Nacional alcançar um raio de audiência bastante amplo, cuja liderança ela manteve, inclusive competindo comercialmente com outras estações, até meados dos anos 40. Os homens do DIP foram hábeis em evitar que a Rádio Nacional se tornasse um veículo monótono de propaganda oficial, associando o aspecto propagandístico à diversão. Para tanto, foram contratados músicos e artistas de grande prestígio popular, como Lamartine Babo, Ary Barroso e Almirante, e lançados programas de auditório muito concorridos, onde se dividiam as torcidas animadíssimas de Emilinha Borba,

Linda Batista, Dalva de Oliveira e outras cantoras. Nos últimos tempos do regime, em 1944, quando os laços entre Getúlio e a massa trabalhadora se reforçaram, surgiu a Rádio Mauá, ligada ao Ministério do Trabalho, cujas transmissões voltavam-se para a educação, a cultura e a recreação dos trabalhadores.

Embora Getúlio não tivesse interesse pelo futebol, ele e sua *entourage* tinham consciência do entusiasmo popular por esse esporte e espetáculo de massa. Assim, a presença do Brasil na Copa do Mundo de 1938 foi enfatizada nas rádios, jornais e revistas, sendo escolhido presidente da delegação que foi à Itália Lourival Fontes, que no ano seguinte estaria à frente da criação do DIP. Getúlio recebeu os jogadores antes da partida para a Europa, lembrando a eles que "sua missão não é somente de caráter esportivo, mas envolve o desempenho de um dever cívico". E foi além, fazendo um pronunciamento político de louvor ao fascismo italiano: "Ides para um país que se renovou moral e materialmente. O italiano, que se sentia deprimido antes do advento do fascismo, sente-se agora orgulhoso de sua própria raça. É esse o exemplo que deve guiar os esportistas brasileiros".

O Estado Novo modificou o calendário festivo tradicional, incorporando novas datas celebrativas, sendo as principais, pela ordem cronológica, 19 de abril, aniversário do presidente; 1º de maio; 30 de maio, Dia da Raça; e 10 de novembro. Duas dessas datas ligavam-se estritamente ao regime, e o Dia da Raça foi introduzido em 1939, "para exaltar a tolerância da nossa sociedade". A comemoração oficial de 1º de maio, entretanto, expropriava uma data vinculada à luta internacional da classe operária, dando-lhe um caráter de congraçamento pessoal entre o presidente e a massa trabalhadora.

Getúlio costumava ausentar-se do Rio de Janeiro no dia do seu aniversário, quando lhe eram ofertados presentes e havia missas, almoços, inaugurações e solenidades em diversos órgãos públicos. Sua presença era central, no entanto, na comemoração do Dia do Trabalho, a partir de 1938, ano em que ela teve ainda um caráter restrito, limitando-se a uma festa no Palácio Guanabara. Nos anos seguintes, a celebração contou com a ampla presença de trabalhadores e estudantes, que desfilavam diante do presidente, no estádio do Vasco da Gama, o maior estádio de futebol do Rio de Janeiro naquela época. O discurso de Getúlio, que se iniciava com o famoso vocativo "Trabalhadores do Brasil", era irradiado para todo o país, sob grande expectativa, porque durante sua fala o presidente anunciava medidas em favor dos trabalhadores.

Já a data de implantação do Estado Novo, comemorada com cerimônias e inaugurações, era uma oportunidade para ressaltar o significado do regime na construção de um novo Brasil, salientando a vinculação entre o regime e a revolução de 1930. O primeiro teria representado a realização das promessas revolucionárias, frustradas pela politicalha e pelos interesses regionais mesquinhos, no período 1930-37. As datas tradicionais davam oportunidade a que Getúlio se dirigisse a um público mais amplo. No 7 de setembro, realçava a figura do soldado, associada à segurança e à estabilidade do país; nas festas de fim de ano, sua fala oscilava entre pronunciamentos afetivos e coloquiais e o anúncio de alguma medida considerada importante. O almoço de congraçamento com as Forças Armadas sempre fazia parte do ritual.

Foi impossível aos adversários de Getúlio responder a essa barreira de fogo ideológica, nas condições de um regime repressivo, a não ser em limitadas expressões clandestinas. Só com o fim do Estado Novo a inventiva antigetulista apareceu em plena luz do dia, utilizando-se não só da retórica como também de paródias da música popular. Uma das mais expressivas foi a da marcha "Pirata da perna de pau", composta por Braguinha e lançada em 1946. A letra anódina se transformou em libelo, incluindo uma referência às negociatas do algodão, que tinham como protagonista Hugo Borghi, político estreitamente ligado a Getúlio. O estribilho dizia:

Eu sou o Getúlio e já fui ditador,
eu sou trapaceiro, eu sou gozador,
meti minha papa no trabalhador,
com o voto dos trouxas eu sou senador.

E na segunda parte:

Minha galera, em quinze anos de navegação,
trouxe a miséria, o câmbio negro e a inflação.
Se de um lado sou pai dos pobres, sou mãe dos ricos em
                                            [compensação.
Ao Borghi eu dei muita roupa, roupa de algodão.

Menos elaborada, mas mais difundida, era a réplica a uma expressão comum nos anos 30-40. Quando se dizia a alguém muito afobado "Calma no Brasil, que o Brasil é nosso", a resposta vinha cortante: "Não é nosso nada; é do Getúlio Vargas".

O SENTIDO DO NACIONALISMO

Uma das vertentes do nacionalismo getulista expressou-se na ocupação material e simbólica do território brasileiro, cujos grandes vazios, da sua ótica, poderiam despertar a cobiça de governos e grupos estrangeiros. Não se tratava de uma disputa de limites com países vizinhos, pois questões dessa natureza tinham sido superadas desde os primeiros anos do século XX. Tratava-se, sim, de uma expansão da fronteira, no sentido de área não ocupada, ou frouxamente ocupada, dentro do território nacional. Em 1938, Getúlio anunciou a Marcha para

Primeira página da edição extra da *Última Hora*, de 24 de agosto de 1954.
[ARQUIVO DO ESTADO DE S.PAULO / ACERVO ÚLTIMA HORA]

Getúlio Vargas aos 12 anos.
[ACERVO ICONOGRAPHIA]

A família reunida por ocasião das bodas de ouro dos pais de Getúlio Vargas, Cândida Dornelles e Manuel Nascimento Vargas, em San Tomé-Argentina, 1918.
[CPDOC/ FGV]

Revolução de 1930: Miguel Costa, Góis Monteiro, Getúlio Vargas e Francisco Morato na passagem do Trem da Vitória por São Paulo.
[ACERVO ICONOGRAPHIA]

Washington Luís, presidente deposto, a caminho da prisão no Forte Copacabana, 24/10/1930.
[ACERVO ICONOGRAPHIA]

Getúlio Vargas vota nas eleições de 1933.
[ACERVO ICONOGRAPHIA]

Posse de Getúlio Vargas em 1934,
com Antônio Carlos ao seu lado.
[ACERVO ICONOGRAPHIA]

Rebeldes do 3º R.I., novembro de 1935.
[ACERVO ICONOGRAPHIA]

Getúlio Vargas no funeral de um militar
morto durante o levante de novembro de 1935.
[ACERVO ICONOGRAPHIA]

Filinto Müller examina o arquivo de Luís
Carlos Prestes, apreendido em março de 1936.
[ACERVO ICONOGRAPHIA]

Getúlio Vargas anuncia o golpe do Estado Novo em 10 de novembro de 1937. Ao fundo, Dutra, Filinto Müller e Francisco Campos.
[ACERVO ICONOGRAPHIA]

Góis Monteiro, Alzira Vargas, Israel Pinheiro (atrás dela), Benedito Valadares, Getúlio Vargas e Adhemar de Barros, 1938.
[ACERVO ICONOGRAPHIA]

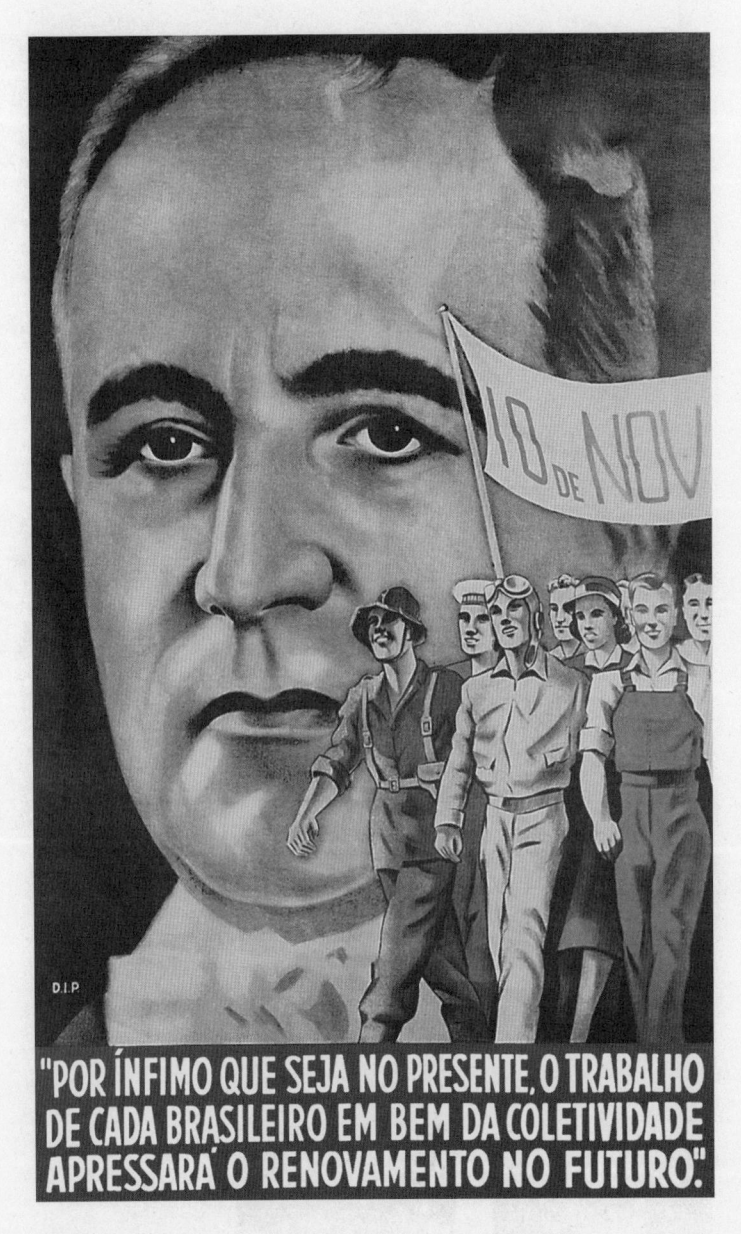

Cartaz do Departamento de Imprensa e Propaganda.
[ACERVO ICONOGRAPHIA]

José Américo
de Almeida
[ACERVO ICONOGRAPHIA]

Armando de Salles
Oliveira
[ACERVO ICONOGRAPHIA]

Lourival Fontes
[AGÊNCIA ESTADO]

Gustavo Capanema
[ACERVO ICONOGRAPHIA]

Francisco Campos
[ACERVO ICONOGRAPHIA]

Adhemar de Barros
[ACERVO ICONOGRAPHIA]

João Neves da Fontoura
[ARQUIVO DO ESTADO DE S.PAULO /
ACERVO ÚLTIMA HORA]

Benedito Valadares
[ARQUIVO DO ESTADO DE S.PAULO /
ACERVO ÚLTIMA HORA]

Baile no Clube Ginástico Português, em comemoração
ao aniversário de Getúlio Vargas. Rio de Janeiro, 19/04/1941.
[ACERVO ICONOGRAPHIA]

O presidente Getúlio Vargas assina a primeira série de cédulas da nova moeda, o cruzeiro. Rio de Janeiro, 06/09/1943.
[ACERVO ICONOGRAPHIA]

Aimée Simões Lopes, atrás, entre Alzirinha e Getúlio, no Palácio Rio Negro. Darcy Vargas aparece à esquerda do presidente.
[CPDOC / FGV]

Getúlio Vargas empossado
na Academia Brasileira de Letras.
[CPDOC / FGV]

Darcy Vargas, presidente da
Legião Brasileira de Assistência.
[ARQUIVO DO ESTADO DE S.PAULO / ACERVO ÚLTIMA HORA]

Getúlio Vargas jogando golfe, seu esporte favorito.
[ACERVO ICONOGRAPHIA]

Cartazes do Departamento
de Imprensa e Propaganda, 1944.
[ACERVO ICONOGRAPHIA]

Getúlio Vargas e o Presidente americano Franklin Roosevelt em Natal, Rio Grande do Norte, janeiro de 1943.
[ACERVO ICONOGRAPHIA]

Gustavo Capanema e Vargas inauguram o Edifício do MEC, em 3 de outubro de 1945, e observam a escultura "Mulher reclinada", de Celso Antonio.
[ACERVO ICONOGRAPHIA]

Villa-Lobos
[ACERVO ICONOGRAPHIA]

Portinari
[ACERVO ICONOGRAPHIA]

Pixinguinha
[ACERVO ICONOGRAPHIA]

Lamartine Babo
[AGÊNCIA ESTADO]

Manifestação promovida pelo Departamento de Imprensa e Propaganda na Esplanada do Castelo, Rio de Janeiro, pela passagem dos dez anos do governo Vargas.
[ACERVO ICONOGRAPHIA]

"O pai dos pobres": Getúlio Vargas durante visita ao campo petrolífero de Lobato, Bahia, em 1939.
[ACERVO ICONOGRAPHIA]

Comício em homenagem à Força Expedicionária Brasileira, na Cinelândia, Rio de Janeiro, em março de 1945.
[ACERVO ICONOGRAPHIA]

Getúlio Vargas entre Dutra (à esquerda) e Góis
Monteiro, empossado como ministro da Guerra.
Rio de Janeiro, 09/08/1945.
[ACERVO ICONOGRAPHIA]

Deposto, Getúlio Vargas deixa o Palácio do
Catete, acompanhado por Alzirinha e João Alberto.
Rio de Janeiro, 29/10/1945.
[ACERVO ICONOGRAPHIA]

Samuel Wainer e Getúlio Vargas em Santos Reis,
Rio Grande do Sul, em junho de 1949.
[ACERVO ICONOGRAPHIA]

João Café Filho.
[ACERVO ICONOGRAPHIA]

Posse de Getúlio Vargas em 31 de janeiro de 1951. O presidente eleito sobe a escadaria do Palácio do Catete com o general Dutra a seu lado.
[ACERVO ICONOGRAPHIA]

Getúlio Vargas cumprimenta uma rainha da Primavera, em 1951.
[ACERVO MANCHETE]

Gregório Fortunato penteando Getúlio Vargas durante comício em Ponta Grossa, Paraná.
[ACERVO O CRUZEIRO/ O ESTADO DE MINAS]

"À espera", charge de Hilde Weber publicada na *Tribuna da Imprensa* em 06/08/1954.
[REPRODUÇÃO: CIA. DA MEMÓRIA]

Carlos Lacerda discursa na Câmara dos Deputados
após o atentado da rua Tonelero, em agosto de 1954.
[ACERVO ICONOGRAPHIA]

Carlos Lacerda, "O Corvo",
charge de Ian de 1954, publicada
na *Última Hora* em 04/04/1963.
[REPRODUÇÃO: CIA. DA MEMÓRIA]

"História de um governo", charge de Belmonte publicada na *Folha da Manhã* em 22/07/1937.
[REPRODUÇÃO: CIA. DA MEMÓRIA]

Charge de Hilde Weber publicada na *Tribuna da Imprensa* em 1951.
[REPRODUÇÃO: CIA. DA MEMÓRIA]

"A surpresa do papa constituições", charge de Nássara publicada na *Careta* em 27/10/1945.
[REPRODUÇÃO: CIA. DA MEMÓRIA]

— A nova roupa, Excelência.
— Um pouquinho apertada...
os movimentos... compreende...

"Novo regime... nova roupa".
Charge de Nássara
alusiva à eleição de 1934.
[REPRODUÇÃO: CIA. DA MEMÓRIA]

Charge de Nássara,
de 1946.
[REPRODUÇÃO: CIA. DA MEMÓRIA]

A volta ao poder inspirou a marcha "Retrato do Velho",
de Haroldo Lobo e Marino Pinto, interpretada por Francisco Alves,
grande sucesso no carnaval de 1951. Charge de Nássara.
[REPRODUÇÃO: CIA. DA MEMÓRIA]

Populares homenageiam Getúlio Vargas no décimo aniversário de sua morte. Rio de Janeiro, 24/08/1964.
[ACERVO ICONOGRAPHIA]

Oeste, empreendimento que teria como principal ideólogo Cassiano Ricardo, poeta e ensaísta nascido no interior de São Paulo, autor de um livro com o mesmo nome, que viria a ser publicado em 1940. Cassiano Ricardo buscava construir o mito da expansão, corrente naqueles anos, filiando-o ao das bandeiras. O fato de o autor ser paulista e utilizar o mito poderoso do bandeirismo indica o quanto a obra pode ser vista como uma tentativa de estabelecer uma ponte ideológica entre o governo e a refratária elite cultural de São Paulo.

Mas suas intenções iam muito além, ao caracterizar as bandeiras, pela via da mestiçagem, como um elevado exemplo de "democracia agreste", baseada na necessária organização hierárquica do grupo. A última referência permitia associar a ocupação da fronteira às virtudes da vigente "democracia autoritária". O mito da pequena propriedade — suposta forma de ocupação da terra por parte do bandeirante sedentarizado — indica também o tipo de ocupação que Cassiano Ricardo tinha em mente para o seu tempo.

Getúlio enfatizou a importância da Marcha para Oeste em uma fala de 1940, em que ressaltava o fato de que o Brasil, politicamente, é uma unidade, pois todos falam a mesma língua e têm a mesma tradição histórica. Do ponto de vista econômico, porém, continuava Getúlio, o Brasil assemelha-se a um arquipélago formado por algumas ilhas, com alto grau de desenvolvimento econômico e industrial, contrastando com espaços vazios. Povoá-los, para fazer coincidir as fronteiras políticas com as econômicas, seria uma das tarefas centrais do Estado Novo. Nesse aspecto, a ocupação estratégica dos tais vazios, ou seja, a Marcha para Oeste, coincidia com os objetivos da Batalha da Borracha.

É possível vislumbrar também propósitos práticos na Marcha para Oeste, dentre eles o que se chamava de "desafogo das grandes cidades". Nesse sentido, os resultados foram muito modestos. O empenho do governo em promover a industrialização fazia com que o movimento espontâneo de migração rural, ou da população das cidades pequenas, rumo aos centros urbanos fosse infinitamente mais importante do que iniciativas no sentido inverso. Mesmo assim, vale lembrar, no contexto da Segunda Guerra Mundial, a expedição Roncador-Xingu, em 1943, considerada de "interesse militar", a que se seguiu a criação da Fundação Brasil Central, presidida pelo ministro João Alberto, coordenador da mobilização econômica. Ainda naquele ano, Getúlio baixou um decreto criando novos territórios federais, entre eles o Guaporé, hoje estado de Rondônia, e Ponta Porã, hoje parte de Mato Grosso do Sul.

Na sua vertente cultural, a ideologia nacionalista do Estado Novo tratou de enfatizar as qualidades do homem brasileiro, ressaltando suas características raciais e seus atributos positivos. O discurso racial tinha de enfrentar a realidade étnica que resultara na miscigenação entre brancos, negros e índios, a ponto de a população branca ser minoritária. As duas principais alternativas consistiam em defender como positivo o processo de miscigenação, ou então sustentar a necessidade de "branquear" a sociedade. Oliveira Viana e Azevedo Amaral foram defensores do branqueamento, embora com muitas diferenças entre si. O primeiro insistia, em *Raça e assimilação*, publicado em 1932, na pureza da raça ariana, composta de diferentes etnias, que vinha resistindo à contaminação pelo "sangue bárbaro" de negros e índios. O segundo atacava o "parasitismo dos mulatos" e defendia a abertura das portas do Brasil à imigração branca.

Getúlio e os promotores da política cultural não endossaram nem poderiam endossar os pontos de vista desses entusiastas do Estado Novo quanto à questão racial. A postura nacionalista do regime não podia admitir que a "raça brasileira" estivesse ainda em construção e fosse ameaçada por gente que constituía a maioria do povo. Desse modo, a política oficial do Estado Novo, não obstante as vozes discordantes, encampou a já enraizada ideologia da unidade das três raças — brancos, negros e índios — e encarou raça como um conceito mais cultural que biológico. Na prática, valorizar a mestiçagem significava valorizar o negro e sobretudo o mulato. A partir dos anos 30, no discurso oficial, "o mestiço vira nacional", enquanto se dava, ao mesmo tempo, um processo de desafricanização de vários elementos culturais. Esse parece ser, por exemplo, o caso da feijoada, que de prato para escravos converteu-se em prato nacional.

Mais ainda, mudou o significado de certas manifestações populares, como as escolas de samba, oficializadas a partir de 1935, e a prática de capoeira. Considerada infração penal pelo Código Criminal de 1890 e reprimida pela polícia nos anos que se seguiram à proclamação da República, a capoeira foi oficializada em 1937 como modalidade esportiva nacional. Note-se também, em outro registro, que Nossa Senhora da Conceição Aparecida, escolhida na época como padroeira do Brasil, é uma santa mestiça, meio branca, meio negra. A imersão de sua imagem nas águas do rio Paraíba do Sul, onde teria sido miraculosamente encontrada, escurecera a virgem branca e fizera dela uma legítima representante da nacionalidade.

Embora a vida social não correspondesse à retórica, essas manifestações simbólicas do regime serviram como mais um instrumento para forjar os laços de Getúlio com as camadas pobres, onde negros e mulatos constituíam e ainda constituem ampla maioria.

Por outro lado, ainda que seja excessivo considerar a xenofobia generalizada como um traço do Estado Novo, não há dúvida de que o preconceito contra determinados segmentos estrangeiros deu lastro a vários comportamentos governamentais, sendo o caso dos "quistos étnicos" alemães no sul do país apenas o exemplo mais visível.

No tocante à política de imigração, prevaleceu uma orientação restritiva, com o estabelecimento de cotas anuais, cujo alvo principal foram os japoneses — o único grupo que continuou a emigrar para o Brasil, em número significativo, nos anos 30. O discurso preconceituoso explorou, sobretudo, a formação de núcleos infensos à integração nacional e o tema do "perigo amarelo" em vista da política expansionista do governo japonês. O tom era de uma agressividade contundente. Assim, numa palestra de maio de 1941, o ministro da Justiça, Francisco Campos, disse: "[...] a colonização japonesa é no momento, e tende a tornar-se cada vez mais, um perigoso foco de infecção que ameaça o organismo de defesa da América". Ele considerava os japoneses inassimiláveis

> por pertencerem a uma raça e a uma religião absolutamente diversas; por falarem uma língua irredutível aos idiomas ocidentais; por possuírem uma cultura de baixo nível, que não incorporou, da cultura ocidental, senão os conhecimentos indispensáveis à realização dos seus intuitos militaristas e materialistas.

Em resumo, tratava-se de um quisto, localizado na região mais rica do país, cuja irradiação era necessário estancar.

A entrada do Brasil na Segunda Guerra Mundial sujeitou os chamados súditos do Eixo — alemães, italianos e japoneses — a uma série de restrições: tornou-se proibido falar língua estrangeira em locais públicos; publicar jornais que não fossem em português; viajar sem salvo-conduto. O alvo principal das restrições foram os japoneses, concentrados principalmente no estado de São Paulo. Na capital do estado, em setembro de 1943, eles foram expulsos de suas casas, no bairro da Liberdade, próximo ao centro da cidade. Anteriormente, uma operação realizada em julho daquele ano no litoral paulista evacuara para a capital ou para o interior cerca de 7 mil pessoas. Entretanto, seria exagerado atribuir medidas dessa natureza apenas ao Estado Novo. Nos Estados Unidos, por exemplo, o governo Roosevelt realizou um deslocamento forçado de grande vulto ao transferir súditos japoneses da costa do Pacífico para campos de internamento em outras regiões.

O tratamento dado aos judeus foi mais contraditório. O preconceito antissemita era corrente na sociedade brasileira, seja em setores majoritários da elite, seja entre a massa da população, não se restringindo pois à retórica integralista. Getúlio não fugia à regra, assumindo o estereótipo do judeu como personagem apegado ao dinheiro e infenso às atividades produtivas. Note-se esta referência do presidente à figura de Assis Chateaubriand, de março de 1935:

> Recebi o jornalista Assis Chateaubriand, com os negócios um tanto atrapalhados, e sempre com várias ideias e planos interessantes. Astucioso, inteligentíssimo e precisando de dinheiro. Ele deve ter sangue judeu, mas os judeus querem o dinheiro para entesourar, e ele, para empregá-lo todo em suas empresas jornalísticas.

Muito mais grave que isso foi o fato de que a condição de judia não serviu para evitar que Olga Benário fosse entregue aos nazistas em 1936. O preconceito genérico não impediu, entretanto, as boas relações pessoais de Getúlio com empresários judeus e a estreita dedicação a ele de um jornalista de origem judaica — Samuel Wainer —, que lhe foi fiel a toda prova, enquanto o presidente viveu e na construção de sua memória.

Uma questão das mais sensíveis diz respeito ao ingresso no Brasil de judeus provenientes da Europa, fugindo do extermínio nazista. Ao estabelecer cotas para o ingresso de imigrantes, a Constituição de 1934 inaugurou uma legislação restritiva que, se tinha como alvo principal os japoneses, atingia também os judeus. Eles eram vistos como não suscetíveis de assimilação, por não se casarem com membros de outras etnias, por serem "avessos ao trabalho útil" e, muitas vezes, "portadores do bacilo do comunismo". Pouco antes do golpe do Estado Novo, em junho de 1937, uma circular secreta do Itamarati, pessoalmente autorizada por Getúlio, proibiu a entrada no Brasil de pessoas de origem semítica, com raras exceções. No ano seguinte, outra circular abrandou a primeira, admitindo o ingresso de judeus que dispusessem de recursos consideráveis ou que fossem cientistas, artistas ou intelectuais de renome internacional. Nitidamente, a discriminação fechava as portas para os judeus pobres e anônimos.

Não obstante as fortes restrições, a imigração judaica, com variações anuais, não foi inteiramente estancada. Isso se deveu a vários fatores, dentre eles a interpretação flexível das determinações oficiais — a que não era estranho o suborno de funcionários — e, num plano bem mais digno, à atuação de uns poucos embaixadores brasileiros no exterior, com destaque para Luís Martins de Souza, que salvaram muitas vidas.

Mas um episódio marcou de forma bastante negativa as oscilações do governo Vargas no tocante à imigração judaica: o caso do navio de bandeira espanhola *Cabo de Hornos*, que atracou no porto do Rio de Janeiro no final de 1941, transportando quase cem refugiados judeus, vindos principalmente da Polônia e da Tchecoslováquia, muitos dos quais haviam passado seis meses vagando em busca de abrigo. Por uma questão ligada à renovação de vistos de entrada, os passageiros foram impedidos de desembarcar, de nada valendo pressões internacionais em seu favor. O navio seguiu viagem para Buenos Aires, onde o ingresso dos refugiados seria também recusado. Nesse ínterim, o embaixador brasileiro nos Estados Unidos solicitou diretamente a Getúlio permissão para emitir vistos, mas Getúlio negou o pedido sob a alegação de que a medida estaria em desacordo com a lei brasileira. Por fim, os refugiados foram acolhidos em caráter temporário na colônia holandesa de Curaçao, nas Antilhas. Essa atitude de Getúlio incluiu o Brasil entre vários países que fecharam as portas a refugiados judeus em situação desesperadora, alegando razões burocráticas.

O PROCESSO POLÍTICO E O POPULISMO

No comando do país como ditador, Getúlio acumulou êxitos econômicos e sociais, compatibilizando os diferentes interesses internos e navegando pragmaticamente num mundo em guerra. Sofreu porém uma grave ameaça física, quando uma facção dos integralistas, associada a alguns liberais, tentou desfechar um golpe de Estado, em 11 de maio de 1938.

As relações entre o presidente e os integralistas, até o golpe do Estado Novo, era ambígua. De modo geral, ele lhes deu corda, permitindo suas manifestações e a escalada na ocupação de postos civis e militares. Mas manteve um pé atrás com relação ao movimento. Por exemplo, quando lhe foi encaminhada para sanção, no final de março de 1935, a Lei de Segurança Nacional aprovada pelo Congresso, pensou em vetar um dispositivo enxertado contra o integralismo. Anotou em seu diário a dúvida e suas razões: "O integralismo é uma forma orgânica de governo e uma propaganda útil no sentido de disciplinar a opinião. Contudo, não confio muito nos seus dirigentes, nem eles têm procurado se aproximar do governo de modo a inspirar confiança".

Nos anos que antecederam o golpe de 1937, a aproximação se tornou mais nítida. Os integralistas apoiaram a armação autoritária e viram nela uma etapa na ascensão do movimento ao poder. Por ora, esperavam que Plínio Salgado fosse nomeado para o Ministério da Educação e que a AIB gozasse de ampla liberdade de influência. Getúlio, entretanto, não tinha planos de dividir o poder com nenhuma facção e menos ainda com um partido articulado, como era a AIB. A organização foi extinta, a exemplo dos demais partidos políticos; a maioria de seus integrantes resignou-se em servir individualmente ao regime, destacando-se nas ações repressivas. Plínio Salgado, de forma até pitoresca, relatou a Getúlio a profunda decepção dos integralistas, em carta de janeiro de 1938. Referindo-se ao alijamento dele e de seus partidários logo após o golpe do Estado Novo, dizia:

> Em todas as rodas de políticos da cidade, só se falava então no "tombo" que V. Exa nos dera; no novo "pirarucu" que pescara; na rasteira que V. Exa passara no integralismo; como se tais proezas, atribuídas a um homem que todos os brasileiros devem obrar [considerar] como honrado e dedicar todo respeito, não ferissem mais V. Exa do que o integralismo.

Entretanto, um setor no qual se destacava o médico Belmiro Valverde não se conformou com a "rasteira" e partiu para uma aventura. Em março de 1938 ocorreu um ensaio de golpe, que contou com alguns nomes liberais de prestígio, entre eles Otávio Mangabeira, Júlio de Mesquita Filho, Armando de Salles Oliveira e o coronel Euclides Figueiredo, os quais, na ânsia de derrubar o ditador, mostraram as limitações de seu liberalismo. Uma segunda tentativa de golpe se concretizou nos primeiros minutos de 11 de maio, tendo como alvo principal o Palácio Guanabara, onde se encontravam Getúlio e membros de sua família. Não fosse por envolver vários mortos e pelo risco de se desdobrar numa tragédia ainda maior, o assalto ao Guanabara teria todos os ingredientes de uma ópera-bufa. Um punhado de homens penetrou no jardim do palácio, liderado pelo tenente Severo Fournier, amigo do coronel Euclides Figueiredo e que não era integralista. O portão da rua foi aberto por um tenente do corpo de fuzileiros navais — responsáveis pela guarda do palácio — que naquele dia os chefiava. Do jardim, os homens passaram a atirar contra as janelas e paredes do Guanabara, enquanto lá dentro os sitiados se armavam precariamente. Getúlio ficou horas andando de um lado para o outro, parecendo alheio a tudo, segundo relato de sua filha Alzira, que também estava no interior do palácio. Benjamim Vargas chegou nesse momento da rua e conseguiu entrar no prédio, juntando-se à família. O general Dutra, a certa altura, foi aos portões do palácio, ao que parece em busca de instruções, e sofreu um leve ferimento na orelha. Afinal, nas primeiras horas da manhã, reforços policiais e militares romperam o cerco. Os atacantes tentaram fugir sem oferecer muita resistência. Mas alguns fuzileiros navais que enfrentaram os invasores foram mortos no episódio, e integralistas foram sumariamente fuzilados nos fundos do palácio quando tudo terminou.

A demora em socorrer Getúlio e os demais sitiados deixou no ar muitas suspeitas. Alzira narra todas as tentativas que fez, ao longo da noite, de conseguir socorro imediato, obtendo apenas promessas. Permaneceu a dúvida sobre se homens como Filinto Müller ou mesmo o general Dutra não teriam aguardado o desenrolar dos acontecimentos, quem sabe para tirar a castanha com a mão do gato, como se diz.

Descartada a situação dramática da tentativa de golpe integralista, ao menos até 1943 Getúlio comandou o país sem sobressaltos, embora existissem pressões e ele tivesse de tomar decisões difíceis, sobretudo no plano das relações internacionais. Um ponto de atrito se tornou muito menor, na medida em que a União se sobrepôs inteiramente aos estados, governados por interventores, como delegados do poder central.

Uma boa indicação da estabilidade institucional é a longa permanência no cargo dos principais interventores e ministros. Considerem-se, por exemplo, os estados de Minas Gerais, Rio Grande do Sul e São Paulo. Em Minas, o comando esteve nas mãos de um fiel servidor de Getúlio, Benedito Valadares, que, eleito pela Assembleia Legislativa e depois confirmado como interventor, permaneceu no cargo de abril de 1935 até a queda do presidente. No Rio Grande, em boa parte do Estado Novo, a interventoria esteve nas mãos do então coronel Cordeiro de Farias, integrante da Coluna Prestes que, mais tarde, iria se converter em inimigo de Getúlio.

Em São Paulo, liquidada a "guerra paulista", Getúlio fizera um gesto conciliatório nomeando Armando de Salles Oliveira para a interventoria. Este seria eleito governador pela Assembleia Legislativa, afastando-se do cargo em 1937 para disputar a Presidência da República. Com o golpe do Estado Novo, após um breve interregno, Getúlio abriu uma brecha na política estadual e atraiu muitas figuras do PRP. Essa aproximação revela não só oportunismo por parte dos perrepistas, mas também afinidades com um regime de corte autoritário, ao contrário do que acontecia com os democráticos. Os dois principais interventores do período do Estado Novo — Adhemar de Barros e Fernando Costa — tinham em comum o fato de terem sido membros do PRP. Curiosamente, a saída de Adhemar, em 1941, deveu-se a fortes acusações de corrupção, que partiram de pessoas da confiança de Getúlio, como Epitácio Pessoa, sobrinho-neto do ex-presidente da República, e Coriolano de Góis. Mas se de um lado Getúlio afastou Adhemar, de outro manobrou para obstar um inquérito aberto para a apuração das "irregularidades" praticadas por quem seria seu futuro aliado.

No plano ministerial, constata-se a mesma tendência à estabilidade. Já foi mencionado que Sousa Costa permaneceu na pasta da Fazenda desde 1934. O Ministério da Justiça foi ocupado por Francisco Campos por duas vezes, a primeira por poucos meses, mas a última entre novembro de 1937 e julho de 1942. Osvaldo Aranha esteve à frente do Ministério das Relações Exteriores entre 15 de março de 1938 e 23 de agosto de 1944, quando pediu demissão em protesto contra o prosseguimento da política repressiva por parte do governo. Alexandre Marcondes Machado Filho, advogado e político com raízes no antigo PRP, ocupou o Ministério do Trabalho a partir dos últimos dias de 1941, realizando uma atividade ideológica até certo ponto surpreendente, como se verá adiante. Na área militar, de importância decisiva, Getúlio contou com duas figuras centrais e permanentes, Dutra e Góis Monteiro, embora nesse caso a lealdade não eliminasse ressalvas e suspeitas recíprocas.

A partir dos anos 1942-43, ocorreu uma inflexão na política do Estado Novo. Na medida em que começava a se configurar a inviabilidade de manter a "democracia autoritária", em face do que ocorria no mundo e no país, o regime se tornou mais mobilizador, mesmo mantendo premissas que vinham de anos anteriores. Foi nessa época que o populismo, na versão getulista, ganhou consistência como um tripé que incorporava a burguesia industrial e a classe trabalhadora urbana, sob a égide do Estado, personificado em Getúlio. Essa caracterização do populismo não significa que se deva minimizar sua abrangência ainda mais ampla. Setores agrários, uma nova classe média, que nasceu com o desenvolvimento e dele se beneficiou, e as grandes massas desorganizadas apoiaram o getulismo, por uma ou outra razão, entre as quais se incluem ganhos materiais e o simbolismo da figura de Getúlio como construtor da nação. No sentido forte da expressão, o populismo foi gestado no Estado Novo, ganhando contornos nítidos nos últimos anos de existência do regime. No fim do segundo governo Vargas e nos anos que transcorreram logo após a morte de Getúlio, a expressão refere-se mais a um estilo político, pois a antiga aliança, tão característica do getulismo como do peronismo na Argentina, não resistiu, no caso brasileiro, à pressão dos fatos. Ou seja, uma das pernas do tripé populista — a burguesia industrial — tomou outros rumos, assustada com a radicalização dos herdeiros de Getúlio, num primeiro momento, e depois atraída, ou destroçada, pelos ventos da globalização.

Um bom indício da percepção que a gente comum tinha da figura de Getúlio se encontra nas cartas a ele dirigidas, que eram encaminhadas à Secretaria da Presidência da República, sob a chefia de Luiz Vergara. Vergara exerceu essas funções entre 1936 e 1945. As cartas tinham objetivos pessoais — pedidos de emprego, de promoção, de vaga em hospitais etc. —, às vezes com o envoltório justificativo de serem motivadas por razões de interesse público. A secretaria levava a sério sua função, respondendo às solicitações ou encaminhando soluções em nome de Getúlio. Esse comportamento reforçava o maior valor da correspondência como trunfo político, a relação direta entre o presidente e o simples cidadão.

As cartas prestavam tributo à ideologia inculcada à população, mas revelam, ao mesmo tempo, a instrumentação da ideologia por parte da gente comum para tentar obter direitos ou favores. Getúlio aparece aí como chefe forte, enérgico, justiceiro, um grande pai do povo. Vários textos, ressalvado o interesse bajulatório, são um indício de como a percepção negativa do Estado Novo se concentrava nas camadas mais letradas. Entre outras loas, os "novos tempos" são saudados por terem livrado o povo brasileiro "do jugo agonizante dos políticos falidos"; ou como uma "era de justiça e equidade" que permitiu a todos os brasileiros dirigir-se às altas autoridades do país reivindicando os direitos que lhes são assegurados.

Sob o aspecto das relações trabalhistas, o esvaziamento sindical que caracterizara a política getulista, com a promoção de pelegos, deu lugar a um conjunto de iniciativas tanto práticas quanto ideológicas. Note-se, no tocante às iniciativas práticas, a promulgação da Consolidação das Leis do Trabalho (CLT), em 1º de maio de 1943; no mesmo ano, o reajuste do salário mínimo, que fora instituído com grande repercussão em 1º de maio de 1940; a criação e as atividades da Comissão Técnica de Orientação Sindical, com o objetivo de dar certa vida aos sindicatos. Isso não significava soltar as amarras que ligavam a organização sindical ao Estado, das quais a mais importante era o imposto sindical — a contribuição obrigatória devida pelos trabalhadores, sindicalizados ou não, criada em julho de 1940. O imposto sindical possibilitou, desse modo, que os dirigentes sindicais contassem com recursos financeiros de vulto, independentemente do número de filiados. No plano ideológico, as iniciativas — que vinham de anos passados — ganharam novos reforços, destacando-se a fala semanal do ministro do Trabalho, Alexandre Marcondes, na *Hora do Brasil*, impressa no dia seguinte em *A Manhã*, jornal oficial do Estado Novo. Calcula-se que entre janeiro de 1942 e julho de 1945 Marcondes tenha realizado mais de duzentas palestras, versando sobre assuntos trabalhistas e previdenciários, dirigindo-se por vezes especificamente aos aposentados, às mulheres, aos pais dos menores, aos migrantes etc. De vez em quando, o ministro enfatizava temas de política internacional e justificava as dificuldades trazidas pela guerra, citando pronunciamentos selecionados de líderes como Roosevelt e Churchill, a quem Getúlio, "na sua grandeza de estadista", era equiparado.

As dificuldades a que aludia o ministro Marcondes Filho não eram poucas. A guerra trouxera como consequência a especulação, o racionamento de gêneros, a formação de longas filas, desde a madrugada, para que a população das grandes cidades obtivesse sua ração de pão, açúcar e outros alimentos. Além disso, uma série de decretos limitou consideravelmente os direitos dos trabalhadores, permitindo a extensão da jornada de trabalho e o adiamento das férias ou sua conversão em dinheiro e tornando os dissídios coletivos praticamente inviáveis. Grande parte dessa legislação baseou-se no decreto que criou a Coordenação da Mobilização Econômica, em setembro de 1942, após a declaração do estado de guerra, mobilizando, a serviço do Brasil, todas as utilidades e recursos econômicos existentes no território nacional, inclusive o trabalho humano.

Essas medidas não se destinavam a desmantelar permanentemente uma legislação que constituía uma das principais fontes da legitimidade do governo Vargas junto às massas populares. Elas se inseriam na convicção de que era necessário mobilizar todas as forças produtivas para o esforço de guerra, a exemplo do que ocorreu em outros países democráticos, como os Estados Unidos. Ao mesmo tempo, se a suspensão dos direitos trabalhistas agradava aos industriais, o mesmo não se poderia dizer dos objetivos do governo de intervir na economia ao tentar controlar os preços e a produção.

Os sacrifícios impostos aos trabalhadores geraram insatisfação e cautelosos protestos, como, por exemplo, o de um grupo de dezoito sindicatos que se dirigiu em carta a Getúlio. Depois de dizer que "o trabalhador se equipara ao soldado mobilizado, que combate nos campos de batalha", a carta pedia a aplicação das medidas de maior controle de preços, para impedir "a ação dos açambarcadores, atacadistas e intermediários em geral, na ganância de lucros cada vez maiores à custa do sacrifício do povo". E mesmo após o fim da guerra, em maio de 1945, quando as greves começaram a surgir, o ministro Marcondes Filho condenou-as como agitação de "indivíduos que não têm família, para quem não importa que falte pão na padaria ou carne nos açougues".

Os tempos começavam a ficar difíceis para o presidente, acrescentando-se à conjuntura política um drama familiar: a morte prematura de seu filho Getulinho, vítima de poliomielite, em fevereiro de 1943. Abalados com o acontecimento, que teve ampla repercussão, Getúlio e Darcy mandaram publicar nos jornais notas expressando sua gratidão pelas demonstrações de solidariedade. A nota de Getúlio, nas últimas linhas, destacava que o fato doloroso não teria repercussão em sua missão de chefe de Estado: "Não se cultiva a dor pela dor. Deve-se fazer dela instrumento para o bem da coletividade. E é isso que procurarei fazer para honrar a memória de meu filho".

Seria equivocado, porém, imaginar que Getúlio tenha perdido prestígio junto à grande massa nos últimos anos do Estado Novo. Essa foi uma conjuntura em que o governo conseguiu transmitir o sentimento de que o país vivia momentos excepcionais, por força de uma situação internacional que ia além da vontade de seu líder, sempre em busca do bem do povo. Os aspectos mais visíveis dos problemas de Getúlio, àquela altura, não provinham da grande massa, e sim de uma oposição que começava a articular-se, contando com o apoio de muitos setores da classe média urbana.

Muito se tem insistido na contradição entre a entrada do Brasil na guerra, ao lado das potências ocidentais, que lutavam em nome da democracia, e a vigência do regime autoritário no país. As manifestações contra o Eixo, mesmo quando não tinham Getúlio como alvo expresso, abriram caminho para as pressões por uma abertura política e, no limite, pela instituição do regime democrático. O antifascismo deu origem, por exemplo, à recuperação de uma velha entidade, a Liga da Defesa Nacional, e, notadamente, à fundação da Sociedade Amigos da América, presidida pelo general Manuel Rabelo, figura simbólica de velho general positivista, mas menos importante do que seu vice-presidente, Osvaldo Aranha.

Os núcleos da oposição abrangiam os estudantes, em particular os universitários, organizados na UNE, com grande poder de vocalização; setores da classe média profissional: jornalistas, advogados, médicos etc.; políticos da velha guarda democrática, ou agora insatisfeitos com Getúlio, como aconteceria, transitória mas surpreendentemente, com Francisco Campos, esse emblema do autoritarismo. Em outubro de 1943, começou a circular na clandestinidade o "Manifesto dos mineiros", assinado por 76 personalidades daquele estado, com data de 24 de outubro, quando se celebrava a vitória da revolução de 1930. Redigido em tom moderado e dirigindo-se à família mineira, reivindicava a instauração da democracia e medidas que trouxessem segurança e bem-estar para todos os brasileiros. Entre os signatários estavam Pedro Aleixo, os irmãos Virgílio e Afonso Arinos de Melo Franco, Artur Bernardes, Milton Campos, Adauto Lúcio Cardoso e Afonso Pena Jr. Em dezembro, a polícia abriu ainda mais o fosso entre o regime e os estudantes. Uma passeata de protesto contra a prisão de Hélio Mota, presidente do Centro Acadêmico XI de Agosto, da Faculdade de Direito de São Paulo, foi reprimida violentamente, deixando um saldo de dois mortos e mais de vinte feridos.

Acumulando também as funções de ministro da Justiça, Marcondes Filho entregava-se a construções jurídicas precárias para justificar a permanência de Getúlio no poder. Getúlio acenava para o futuro: "Quando terminar a guerra, em ambiente próprio de paz e ordem, com garantias máximas à liberdade de opinião, reajustaremos a estrutura política da nação, faremos de forma ampla e segura as necessárias consultas ao povo brasileiro", ressaltando que "das classes trabalhadoras organizadas tiraremos, de preferência, os elementos necessários à representação nacional".

Frases dessa natureza apontavam menos para uma ordem democrática do que para a instituição de uma "república sindicalista", de que seriam acusados, a ferro e fogo, em anos futuros, os herdeiros políticos de Getúlio. Além disso, ele provocou os signatários do "Manifesto dos Mineiros", quando se referiu "aos pruridos demagógicos de leguleios [rábulas] em férias". Essa foi uma das expressões das quais a oposição mais se valeu, acusando Getúlio de desprezo por quem buscava o cumprimento das leis; outra foi a de que "voto não enche barriga", leitura livre — mas nem por isso menos verdadeira — das afirmações nas quais Getúlio insistia que suas grandes realizações legitimavam o governo e dispensavam o cumprimento das fórmulas de um liberalismo superado.

Em agosto de 1944, a polícia do Rio de Janeiro fechou a Sociedade Amigos da América, em plena solenidade da posse de Osvaldo Aranha — reeleito para a Vice-Presidência —, que se realizava no salão lotado do Automóvel Clube. A ação policial contou com a cobertura do general Dutra e seu dispositivo militar, mas nem de longe com o apoio de Góis Monteiro. Aranha, a essa altura próximo de Góis, enviou ao general, que ocupava um cargo de representação em Montevidéu, uma carta na qual se declarava "vítima de um Pearl Harbor policial". Os desdobramentos do episódio revelaram as fraturas no interior do governo: o chanceler demitiu-se do Ministério das Relações Exteriores, o general Góis pediu dispensa de sua missão no Uruguai, sem ser atendido, e o mesmo fez João Alberto, demitindo-se da Fundação Brasil Central.

Nos últimos meses de 1944, Dutra acabou acertando o passo com Góis, convencendo-se da necessidade de pôr fim ao "regime de governo pessoal" e realizar eleições. Getúlio procurava ganhar tempo; condicionava as eleições ao fim da guerra, tratando, nesse ínterim, de reorganizar a ordem institucional e o sistema político sob sua liderança. Mas era evidente que ele perdera o apoio dos chefes militares.

Indicador expressivo da derrubada de muitas ditaduras, a imprensa começou a escapar ao controle do DIP e a publicar o que não devia. Se o DIP lograra impedir que viesse à luz a declaração pela democracia aprovada no I Congresso Brasileiro de Escritores, realizado em São Paulo, não teve forças para censurar ou dissuadir o general Góis, que em entrevista à *Folha Carioca* defendeu a realização de eleições no curto prazo. Mais famosa ficou a entrevista de José Américo, concedida ao *Correio da Manhã* em 22 de fevereiro, quando surgiam rumores de manobras continuístas de Getúlio. Ele afirmava que, na sua opinião, três brasileiros não podiam ser, nesta quadra, candidatos à Presidência da República: ele próprio, Armando de Salles Oliveira — ambos postulantes, nas eleições frustradas de 1938 — e o "sr. Getúlio Vargas, porque se incompatibilizou com as forças políticas do país". Aludia à existência de um candidato das "forças políticas nacionais", cujo nome anunciou, naquele mesmo dia, nas páginas de *O Globo*. Estava lançada a candidatura do major-brigadeiro Eduardo Gomes, cuja campanha começaria em meio a mais uma violência policial. Num comício que se realizava no Recife em apoio à candidatura do Brigadeiro, a polícia do interventor Etelvino Lins abriu fogo contra os manifestantes, daí resultando a morte do estudante Demócrito de Sousa Filho e do operário Manuel Elias.

Ao decretar, em 28 de fevereiro, a Lei Constitucional no 9, que ficou conhecida como Ato Adicional, de conteúdo ambíguo, Getúlio concorreu para aumentar as suspeitas da oposição civil e dos chefes militares no sentido de que pretendia permanecer no poder de qualquer maneira. Entre outros pontos, o Ato Adicional previa a realização de eleições para a Presidência da República e o Legislativo, em data a ser marcada noventa dias após sua edição. Mas o presidente poderia obstar qualquer inovação das regras constitucionais, submetendo-a a um plebiscito.

Com a campanha do Brigadeiro nas ruas, em meio a articulações nos bastidores para derrubar Getúlio, João Neves da Fontoura apresentou como saída o lançamento da candidatura do general Dutra à Presidência. O ministro da Justiça, Agamenon Magalhães, o banqueiro paulista Gastão Vidigal, presidente do Banco do Brasil, e Benedito Valadares foram alguns dos nomes que apoiaram a iniciativa. Getúlio engoliu a ideia sem o menor entusiasmo. Segundo Dutra, ele lhe comunicou a candidatura nos seguintes termos: "Mandei o Valadares levantar a sua candidatura em São Paulo; a batalha está ganha. O senhor irá à Presidência da República porque eu quero". Em 13 de março, na capital de um estado que se levantara em armas contra Getúlio quase treze anos antes, Dutra era lançado candidato, em cerimônia realizada na sede do governo.

Getúlio ainda não perdera inteiramente o controle da situação. Por certo, os acontecimentos o impeliam para caminhos não desejados. Mas ele ao mesmo tempo antevia o desenho do futuro e preparava um arcabouço institucional de sustentação do getulismo mais adequado aos novos tempos. O exemplo dos exemplos foi o da construção dos partidos getulistas, até certo ponto surpreendente, tendo em vista seu sistemático desprezo pelas instituições democráticas. Com certeza não se tratou de uma iniciativa apenas pessoal, nem de um plano rigidamente traçado.

Assim, só no início de 1945 ganhou força a hipótese de que não haveria apenas um partido situacionista, e sim dois. Com a indicação de Agamenon Magalhães para o Ministério da Justiça, permanecendo Marcondes Filho apenas na pasta do Trabalho, Getúlio estabeleceu uma divisão de funções muito útil para a formação de dois partidos. Agamenon, ao lado de outras figuras, como os interventores Benedito Valadares, Ernâni do Amaral Peixoto, Henrique Dodsworth e Fernando Costa, promoveu a montagem de um partido com forte presença da máquina governamental, não vinculada à área trabalhista e previdenciária, que resultou no lançamento do Partido Social Democrático (PSD), em julho de 1945. Marcondes, aliado aos dirigentes sindicais e ao aparelho assistencialista do governo, apoiou a formação de outro partido getulista — o Partido Trabalhista Brasileiro (PTB), cuja primeira convenção nacional se realizou em setembro de 1945, com um programa que se dirigia mais aos trabalhadores organizados, sem esquecer porém a massa dos desorganizados. Os fundadores eram figuras relativamente obscuras, como José Segadas Viana e Paulo Baeta Neves, vinculados à máquina ministerial, aos institutos de previdência e à cúpula sindical.

No âmbito regional, o Rio Grande do Sul era até certo ponto uma exceção, pois ali despontavam também nomes mais intelectualizados e mais doutrinários. Foi o caso de Alberto Pasqualini, que teve projeção como líder de uma corrente social-democrata, inspirada no socialismo inglês, no âmbito do PTB gaúcho. Seu prestígio, diga-se de passagem, nunca passou do nível regional.

Desde o início, haveria muitas diferenças entre os dois partidos, tanto no plano nacional quanto em alguns estados, como no Rio Grande. Mas eles acabavam quase sempre por se entender, dado o papel desempenhado por Getúlio, embora ele se aproximasse mais do PTB, que sempre lhe foi fiel. As diferenças revelam o conteúdo complexo do getulismo, que abarcava a burocracia estatal, a maior parte do empresariado industrial, setores agrários retrógrados e as lideranças sindicais.

A oposição já se organizara na União Democrática Nacional (UDN), incluindo, no seu início, correntes heterogêneas, que abrangiam membros das oligarquias destronadas em 1930, civis e antigos "tenentes" decepcionados com Getúlio, liberais conservadores e algumas figuras da esquerda democrática. Entre os grandes nomes que permaneceram no partido ao longo do tempo, destacaram-se Afonso Arinos de Mello Franco, Aliomar Baleeiro, Bilac Pinto, Carlos Lacerda, Magalhães Pinto, Mílton Campos, Prado Kelly, sem falar de Virgílio de Mello Franco, assassinado em 1948 durante um assalto a sua residência. Desse modo, constituía-se um sistema partidário de longa duração para as condições brasileiras. Os três partidos seriam, de longe, os mais relevantes de 1945 a 1965, quando foram extintos pelo regime militar. Apesar das diferenças regionais e da formação de tendências internas, eles tiveram razoável coerência, inclusive no terreno programático, ainda que a diferença maior se desse entre o getulismo (PTB-PSD) e o antigetulismo (UDN).

Se o programa do PSD era opaco, na sua generalidade, o do PTB se destacava pela ênfase no papel do Estado na economia, pela defesa da organização sindical, vinculada em maior ou menor grau ao Estado, pela sustentação e ampliação dos direitos dos trabalhadores. A UDN se caracterizava pela defesa da democracia; pelo desejo de ingresso de capital estrangeiro no plano da economia, reservado ao Estado o controle das indústrias estratégicas; pela defesa de uma política econômico--financeira austera, que mantivesse o equilíbrio orçamentário, combatesse a inflação e evitasse gastos públicos supérfluos.

Alguns lances deveriam determinar os rumos finais da ditadura. O PSD aceitava de bom grado a candidatura do general Dutra, mas o PTB tinha outra estratégia. Defendia eleições para uma Assembleia Nacional Constituinte, com Getúlio no poder, e a possibilidade de ele se candidatar às futuras eleições presidenciais. Com essa perspectiva, surgiu em maio de 1945 o movimento queremista, sob o lema "Queremos Getúlio", que incorporava também a possibilidade do continuísmo, contando com o tácito apoio de Marcondes Filho e de seu chefe de gabinete, Segadas Viana. A bandeira do queremismo teve grande apelo popular, especialmente no Rio de Janeiro, e transcendeu os limites do PTB, até por obter o apoio dos comunistas. Estes, cujo prestígio, entre outros fatores, crescera em razão do papel desempenhado pela União Soviética na Segunda Guerra Mundial, mobilizaram-se em defesa da "Constituinte com Getúlio", jogando na campanha seus efetivos sindicais, organizados no Movimento Unificador dos Trabalhadores (MUT), criado em abril de 1945.

A aproximação entre o PCB e o governo Vargas representou, de parte a parte, um caso extremo de realpolitik. Getúlio inseriu-se na atmosfera dos anos de aliança das democracias com a União Soviética para combater as potências do Eixo. Ele, que tinha sido um perseguidor implacável dos comunistas, passou a ressaltar o valor da URSS, que, "brutalmente agredida, deu uma esplêndida demonstração de sua capacidade guerreira, defendendo o solo pátrio e esmagando o invasor". A proposta do estabelecimento de relações diplomáticas do Brasil com a URSS esteve na pauta do subsecretário de Estado americano, Edward Stettinius, quando de sua visita ao Brasil, em fevereiro de 1945. Em abril, formalizaram-se as relações, e um decreto de anistia resultou na libertação dos presos políticos, inclusive do mais importante entre eles — Luís Carlos Prestes. Por fim, o PCB alcançou a legalidade.

Do lado dos comunistas, o comportamento com relação ao "governo fascista" de Vargas sofreu uma reviravolta, por força da agressão nazista à URSS e da posterior entrada do Brasil na guerra. Na prisão ou na clandestinidade, eles passaram a exaltar a tese da união nacional e a defender, cada vez mais, os atos do governo. Num grande comício realizado em São Paulo, no estádio do Pacaembu, em 15 de julho de 1945, Prestes fortaleceu a linha da "Constituinte com Getúlio" ao apoiar o governo em nome da ordem e desmascarar, "sem vacilações", os agentes da desordem, que segundo ele falavam em democracia mas não passavam de instrumentos da provocação fascista. Condenou também as greves, afirmando que a hora era de "apertar os cintos", diante das dificuldades resultantes da guerra. Mais tarde, quando lhe foi perguntado como explicava a aliança com Getúlio, em última análise um dos carrascos de sua mulher, Prestes afirmou que as questões pessoais, por mais graves que fossem, não podiam se sobrepor às necessidades políticas.

Getúlio encarou o movimento queremista como um trunfo, embora não o apoiasse formalmente. Por exemplo, diante do Palácio Guanabara, em 30 de agosto de 1945, falou aos milhares de manifestantes, com cobertura nacional das emissoras de rádio. Declarou que não tinha outro desejo "senão o de recolher-se à tranquilidade de seu lar", presidindo antes as eleições marcadas para 2 de dezembro e obedecendo ao calendário fixado pelo Código Eleitoral. Mesmo depois que Getúlio deixou de desincompatibilizar-se do cargo no prazo legal para poder disputar as eleições, as articulações de bastidores não se desfizeram, e a palavra de ordem "Constituinte com Getúlio" continuou ecoando nas ruas. As mobilizações populares de apoio ao presidente eram muito expressivas, se se considerar a conjuntura dos últimos anos da guerra mundial, marcada pela escassez de alimentos, pela inflação e pela repressão às greves, que começavam a surgir aqui e ali.

Mais lenha na fogueira iria ser lançada, de forma até certo ponto inesperada, dadas as boas relações de Getúlio com o governo americano. Discursando em Petrópolis, em 29 de setembro, numa homenagem que lhe era prestada pelo Sindicato dos Jornalistas, com a presença de líderes da UDN, o embaixador americano Adolfo Berle Jr., que substituíra Jefferson Caffery, proferiu um discurso favorável à realização de eleições e não eximiu o presidente da suspeita de continuísmo. Getúlio aludiu à fala do embaixador dizendo que "não precisamos ir buscar exemplos nem lições no estrangeiro", mas evitou prolongar o incidente. Berle acabou sendo afastado do posto.

Não é uma fantasia relacionar a intromissão do embaixador a medidas econômicas adotadas por Getúlio que podiam afetar os interesses americanos no Brasil. Entre elas, a Lei dos

Atos Contrários à Economia Nacional — a chamada Lei Malaia, de 22 junho de 1945, assim denominada em alusão às feições do ministro Agamenon Magalhães, responsável por seu encaminhamento. Tratava-se de um decreto que visava a impedir a formação de trustes e cartéis e pretendia punir qualquer forma de manipulação de preços. Para tanto, era criada a Comissão Administrativa de Defesa Econômica (CADE), que poderia intervir em empresas nacionais ou estrangeiras envolvidas em atos considerados contrários à economia nacional e propor, em determinados casos, sua desapropriação, a ser paga em títulos do Tesouro, amortizáveis em quarenta anos.

A oposição indignou-se com a Lei Malaia, por razões ideológicas e outras até bem mais específicas. Era voz corrente que o alvo principal do decreto eram os Diários Associados, cadeia de jornais que, sob a direção de Assis Chateaubriand, vinha realizando uma violenta campanha anti-Vargas, como era do estilo desse jornalista. A CNI, acompanhada por associações rurais e comerciais, repudiou o decreto-lei, condenou seu conteúdo discricionário e assinalou, ao mesmo tempo, que a inflação não era resultado de manipulação de preços, mas devia-se, fundamentalmente, à incompetência do governo e aos erros da política econômica. Outro alvo de críticas dos empresários era a Coordenação da Mobilização Econômica, criada em 1942 com o ambicioso propósito de organizar a economia do país para as condições da guerra mundial, intervindo nas esferas de produção, distribuição e consumo. Eles relutavam em aceitar os preços oficiais de produtos, impostos pela Coordenação, que deram origem, na prática, à elevação de preços e ao aparecimento do mercado negro.

Tudo indica que os propósitos alardeados pela Lei Malaia dirigiam-se mais a reforçar a popularidade de Getúlio pela reafirmação do nacionalismo associada ao combate aos "tubarões". Em resposta ao embaixador do Brasil nos Estados

Unidos, preocupado com a repercussão negativa do decreto-lei, Getúlio tratou de acalmá-lo:

> Lei antitrust não visa qualquer limitação ao capital estrangeiro nem ameaça as atividades legítimas. Tem apenas o intuito de defender o povo contra trusts e açambarcadores que encareçam a vida, exatamente como se faz nos Estados Unidos e outros países que defendem a economia popular.

Ao mesmo tempo, as diferenças de posição a respeito da política econômica do pós-guerra e as críticas a uma ofensiva protecionista da indústria apareceram com clareza na imprensa e em órgãos do governo, como a Comissão de Planejamento Econômico. Nesta última, travou-se em 1945 uma polêmica entre duas figuras centrais e opostas nas concepções sobre a política econômica do país — Eugênio Gudin e Roberto Simonsen, que haviam atuado nos mais importantes conselhos governamentais no período da guerra. Gudin criticava as barreiras tarifárias protecionistas, que segundo ele favoreciam uma indústria doméstica ineficaz, que produzia a custos elevados e nunca seria capaz de exportar. Simonsen, ao contrário, argumentava que as tarifas aduaneiras tinham perdido o efeito protetor e expunham a indústria nacional à "política imperialista das grandes nações" e ao custo reduzido do trabalhador asiático. Assim se desenhavam, no primeiro caso, a linha do pensamento econômico liberal e, no segundo, a do protecionismo industrial, que iria reforçar-se com a contribuição do pensamento da Comissão Econômica para a América Latina (CEPAL), a partir da década de 1950.

Ao tentar uma manobra que levantou ainda mais suspeitas, Getúlio parecia não compreender o peso das forças que queriam impedir sua permanência no poder. Por meio de um decreto-lei datado de 10 de outubro, antecipou para 2 de dezembro as eleições estaduais, marcadas anteriormente para maio de 1946. A decisão poderia tumultuar o pleito presidencial, a ser realizado na mesma data, e abria caminho para as aspirações dos interventores ao dar-lhes um prazo para promulgar constituições estaduais e se desincompatibilizar dos cargos, a fim de que pudessem disputar as eleições nos estados.

Um lance final desastroso, quando os líderes da oposição e os chefes militares articulavam sua queda, foi a nomeação de Benjamim Vargas — o "Bejo" — para a chefia de polícia do Distrito Federal, em substituição a João Alberto, responsabilizado por proibir a realização de um comício promovido pelo sindicalismo queremista. Por que Getúlio teria nomeado o irmão para um cargo com funções repressivas? Por que teria tentado se valer de um nome no mínimo discutível, frequentador assíduo dos cassinos, acusado de ser sócio de banqueiros do jogo do bicho e de casas de prostituição, e de acumular uma fortuna de origem ilícita? Teria acreditado que, com a segurança do Rio de Janeiro nas mãos do irmão, disporia de um homem fiel, capaz de dissipar intrigas e reprimir os articuladores de sua queda?

Seja como for, a nomeação de Bejo soou como uma provocação, como o último ato de uma deposição anunciada. Ao cair da noite de 29 de outubro, teve início no Rio de Janeiro um movimento das forças do Exército, sob o comando do general Álcio Souto, que tomaram posições estratégicas e cercaram o Palácio Guanabara. Dutra foi expor ao presidente a gravidade do quadro militar. Getúlio dispôs-se a voltar atrás na nomeação de seu irmão e a nomear para o Ministério da Guerra um general indicado por Dutra. Este, por sua vez, procurou Góis Monteiro, que recusou a proposta, ficando decidida, pela cúpula militar, a deposição do presidente.

O general Cordeiro de Farias foi encarregado de transmitir a deliberação a Getúlio, na noite de 29 de outubro de

1945. Ele poderia escolher entre renunciar ou ser forçado a fazê-lo, embora ainda contasse com alguns generais dispostos a apoiá-lo. Segundo a filha Alzira, o presidente se retirou para pensar e voltou quinze minutos depois, dizendo: "Preferia que os senhores me atacassem, e meu sacrifício ficaria como um protesto contra esta violência. Já que é um golpe branco, não serei elemento de perturbação". Passava um pouco da meia-noite quando Getúlio assinou o ato formal de renúncia. Logo depois, o general Góis apressou-se em esclarecer, numa série de declarações, que a decisão de depor o presidente, na qual ele tivera o papel mais relevante, não partira da oposição civil, mas do alto comando do Exército.

4. A "volta nos braços do povo" e o suicídio

Não há notícia, na história do Brasil independente, de alguém que tenha sido forçado a deixar o poder em condições tão peculiares. Pedro II, Washington Luís, João Goulart ou Fernando Collor, figuras tão diferentes entre si e pertencentes a épocas também diferentes, por circunstâncias distintas, muito dificilmente poderiam imaginar a hipótese de um dia voltar ao poder. Getúlio, ao contrário, se não tinha certeza, podia contar com muito boas possibilidades de retorno, e estava consciente disso. Não foi por acaso que ele fez um elogio aparentemente insólito aos militares: "Não tenho razões de malquerença para as gloriosas Forças Armadas da minha pátria, que procurei sempre prestigiar". Nem foi também por acaso que assim se dirigiu à massa popular, numa espécie de prenúncio da carta-testamento de quase dez anos depois: "Os trabalhadores, os humildes, aos quais nunca faltei com meu carinho e assistência, o povo, enfim, há de me compreender".

Ninguém ousou prendê-lo, exilá-lo nem simplesmente suspender seus direitos políticos. Sugestões nesse sentido, da parte de alguns generais e da oposição civil, foram repelidas por Góis e Dutra, lembrando aos militares que, se houvesse punições, eles também deveriam ser atingidos. Os condestáveis do Estado Novo afastaram Getúlio, essencialmente, não por causa da fala do embaixador Berle ou das pressões americanas, como versões simplistas gostam de afirmar. Afastaram-no com luvas de pelica, em nome da ordem, ameaçada pela "malta comuno-queremista", percebendo, com razão, que o Getúlio de 1945 já não era o mesmo de 1937.

Enquanto o presidente deposto viajava para o Rio Grande do Sul, o presidente do Supremo Tribunal Federal, José Linhares, era empossado no comando da nação. Os dois candidatos já lançados — Dutra fora sacramentado pelo PSD — prosseguiram em suas campanhas. A animação dos comícios restringia-se aos partidários do Brigadeiro, alentados pela expectativa da democratização e do fim do getulismo. Foi a campanha dos lenços brancos, agitados por uma classe média que ansiava pela liberdade de expressão e odiava a ditadura getulista. Os lenços eram uma refinada referência ao lencinho branco de Teófilo Ottoni, liberal mineiro que desafiara os conservadores, no tempo de Pedro II. Mas se havia entusiasmo e refinamento, faltava uma base social popular, reduzindo-se as forças oposicionistas à classe média letrada, a setores das Forças Armadas e a clãs familiares estaduais, que aliás estavam muito distantes do liberalismo democrático. Um exemplo muito expressivo dessa carência foi o comício realizado em 16 de junho, no estádio do Pacaembu, em São Paulo, quando o candidato udenista apresentou a plataforma de sua candidatura. Hermes Lima, vinculado à Esquerda Democrática, deixou uma impressão cortante da aflição que lhe causou a ausência da grande massa e os bons modos da campanha:

Ao entrar no estádio, fiquei aterrado. Repletas as sociais de um público seleto, elegante mesmo, em que se destacava numeroso concurso de senhoras, de chapéu e calçando luvas, mas as gerais vazias. Era um espetáculo politicamente constrangedor, a enorme praça de esportes, metade morta, metade bem-composta, até nas palmas com que saudou o candidato e lhe aplaudiu o discurso.

Mas a grande massa estava muito longe de enfileirar-se do outro lado. Dutra não se arriscava a manifestações grandiosas; proferia uma lenga-lenga burocrática diante de poucos ouvintes, a tal ponto que muitos acreditaram na vitória do Brigadeiro, reforçada pelo rádio e a imprensa, quase toda favorável ao candidato udenista. Na época, as pesquisas eleitorais inexistiam, e ainda se tomavam as mobilizações como indicador mais ou menos seguro de votos nas urnas.

Um terceiro candidato foi apresentado pelo PCB. O partido optou por lançar à Presidência um nome obscuro, o do engenheiro Iedo Fiúza, ex-prefeito de Petrópolis. Contra ele, Lacerda lançaria um de seus demolidores libelos, acusando-o de corrupção e dando-lhe o apelido infamante de "Rato Fiúza". Alguns golpes baixos fizeram parte da campanha, sendo o mais famoso o encenado por Hugo Borghi, o "Rei do Algodão", integrante do PTB. Borghi conseguiu colocar na boca do Brigadeiro uma frase desastrosa que o candidato nunca pronunciou: "Não preciso do voto dos marmiteiros". A frase imaginária, referida em marchinhas, em comícios, acabou por se tornar verdadeira e, pelos anos afora, vinculou-se como um peso de chumbo à imagem do candidato udenista.

No aniversário do Estado Novo, Getúlio fez sua primeira declaração pública após partir para São Borja, conclamando os trabalhadores a cerrar fileiras em torno do PTB. Mais não disse. Era claro porém, como lhe escreveu João Neves da Fontoura, que não havia outra saída para o trabalhismo a não ser apoiar Dutra, pois uma atitude de abstenção significaria a vitória dos arqui-inimigos de Getúlio. O apoio veio somente uma semana antes das eleições, num manifesto lido por Borghi, no comício de encerramento da campanha de Dutra, em 27 de novembro. Nele, Getúlio recomendava o voto no general, por compromissos que este firmara na última hora com o PTB, mas advertia: "Estarei ao lado do povo, contra o presidente, se não forem cumpridas as promessas do candidato". Imediatamente, o slogan "Ele disse" surgiu no rádio, na imprensa, nos cartazes, e as lideranças do PTB e do PSD se encarregaram de divulgar a opção feita pelo homem que detinha o maior prestígio entre as massas populares.

Nas eleições de 2 de dezembro de 1945, Dutra elegeu-se com 55,3% dos votos, excluídos os brancos e nulos, contra 34,8% do Brigadeiro e 9,7% de Fiúza, afora um punhado de votos atribuídos a Mário Rolim Telles, por uma insignificante legenda partidária. Nunca mais, no período 1945-64, um candidato receberia votação percentualmente tão significativa, ainda que tenha sido logo superada em termos quantitativos. Em que grau o "Ele disse" concorreu para tão expressivo resultado é difícil dizer, mas certamente a palavra de Getúlio teve papel relevante. Um bom indício reside no fato de que Dutra recebeu na Região Sul 71,3% dos votos, vindo o Rio Grande à frente, com 73,5%. Mas é preciso lembrar o peso de outros fatores, como a capacidade de articulação da máquina burocrática, o poder dos caciques regionais e a distância que separava a UDN das massas trabalhadoras. Ao mesmo tempo, seria equivocado encarar a candidatura do Brigadeiro apenas como expressão dos setores letrados da sociedade. Se estes davam a marca ideológica da UDN, caciques regionais também sustentaram a candidatura da oposição. Não por acaso, no conjunto dos estados do Nordeste, a vitória de Dutra foi bem mais apertada, obtendo 47,5% dos votos contra 45,5% de Eduardo Gomes.

O grande vitorioso das eleições de 1945 foi Getúlio. Candidato a deputado federal e senador por vários estados, como a legislação eleitoral da época permitia, recolheu mais de 1 milhão de votos em sete unidades da Federação, o que correspondia a pouco menos de 40% dos votos obtidos por Dutra para a Presidência da República. Foi evidente também seu esforço por viabilizar o PTB, àquela altura ainda um partido de pequenas dimensões. Disputou todos os cargos pelo partido, com exceção do Rio Grande do Sul, em que se elegeu senador pelo PSD; sozinho, deu ao PTB mais da metade dos votos do partido para a Câmara dos Deputados.

O PSD sairia amplamente vencedor nas eleições para a Assembleia Constituinte, mostrando que esse partido conservador, cujo presidente de honra era Getúlio, possuía uma organização e lideranças que superavam de longe os trabalhistas. O partido obteve a maioria absoluta das cadeiras da Câmara (55%), enquanto a UDN detinha 27%, o PTB 7,5%, seguido por partidos menores, entre os quais se destacava, pelo perfil ideológico, o PCB, que obteve 4,5% das cadeiras. No Senado, o PSD obteve também maioria absoluta, ficando com 26 cadeiras, contra doze da UDN e apenas duas do PTB.

Recolhido a uma antiga propriedade dos Dornelles — a Estância de Santos Reis, em São Borja —, Getúlio demonstrou muito pouco interesse pelos trabalhos da Constituinte. Sua posse no Senado só ocorreu no início de junho de 1946, após ter sido recebido no Rio de Janeiro por uma entusiástica multidão. Mas ele ficou praticamente à margem dos ricos debates da Constituinte, como, por exemplo, o que versou sobre a estrutura sindical e o direito de greve, envolvendo as alternativas do desmonte ou da manutenção do modelo do Estado Novo. Quando, em 18 de setembro, foi promulgada a Constituição, Getúlio não a assinou, permanecendo em São Borja.

Enquanto as lideranças da UDN, o presidente Dutra e mesmo uma parcela do PSD manobravam no sentido de evitar o retorno de Getúlio ao poder, ele se lançou à tarefa de atrair ainda mais as massas populares, com uma perspectiva mobilizadora. Foram muito expressivas suas palavras num comício do PTB realizado em Porto Alegre no final de novembro de 1946. Depois de atribuir sua queda aos "agentes da finança internacional, que pretende manter nosso país na situação de simples colônia, exportadora de matérias-primas e compradora de mercadorias manufaturadas no exterior", proclamou a existência de duas espécies de democracia: "A velha democracia liberal e capitalista [...] em franco declínio porque tem seu fundamento na desigualdade, e a democracia socialista, a democracia dos trabalhadores". Sua escolha retórica era clara: "A esta (última) eu me filio".

Empenhado nas eleições estaduais de janeiro de 1947, Getúlio percorreu vários estados, apoiando, em regra, os candidatos do PTB às assembleias legislativas e os do PSD para o governo dos estados. A despeito dos progressos revelados pelo PTB, as eleições mostraram a complexidade de um quadro pontilhado por êxitos, mas também por derrotas em estados muito expressivos. Contando com o importante apoio do PCB, Adhemar venceu em São Paulo, derrotando Hugo Borghi; o udenista Mílton Campos derrotou Bias Fortes; Otávio Mangabeira, também pela UDN, venceu na Bahia; e o candidato vitorioso do PSD no Rio Grande do Sul, Valter Jobim, não contou com o apoio de Getúlio, que se colocara ao lado do PTB, cujo candidato foi Alberto Pasqualini.

Certamente o caminho de volta ao poder era bem mais complicado do que, numa leitura retrospectiva, se poderia imaginar, como revelaria uma eleição direta, aparentemente banal, para vice-governador de São Paulo, em novembro de 1947, em que se elegeram também prefeitos e vereadores. Foi uma prova de força entre o presidente Dutra, o governador do estado, Adhemar de Barros, provisoriamente aliado ao presidente, e o getulismo. Getúlio envolveu-se na campanha de Cirilo Jr., lançado pelo PSD para a prefeitura de São Paulo, e dos candidatos petebistas, fazendo várias viagens ao interior paulista. Cirilo Jr. contou com o apoio dos comunistas, embora o PCB, àquela altura, já estivesse na ilegalidade. Dessa estranha união resultou um fato que provocou arrepios em muita gente, quando Prestes e Getúlio subiram juntos num palanque de campanha.

Do outro lado, saiu a candidatura de Luís Gonzaga Novelli Jr., com o apoio do Partido Social Progressista (PSP) — a máquina política de Adhemar — e o empenho pessoal do general Dutra. Novelli, também conhecido na época como "Genrelli", era marido de uma enteada do presidente. Na disputa, tanto o PSD quanto o PTB se fragmentaram, e a vitória de Novelli Jr. representou uma derrota para Getúlio e uma demonstração de força de Adhemar em São Paulo.

Mas o Acordo Interpartidário, chamado de "união nacional em torno de Dutra", assinado solenemente no Palácio do Catete em janeiro de 1948, entre o PSD, a UDN e o Partido Republicano (PR) provocou uma reviravolta no cenário político, beneficiando Getúlio. Pensado como um acordo de governabilidade, na linguagem de hoje, com marca conservadora, e como estratégia para evitar a volta de Getúlio ao poder, o entendimento provocou, desde logo, a aproximação entre Getúlio e Adhemar.

No curso de um ano, a pretendida união nacional começou a fazer água, enquanto o nome de Getúlio começava a crescer. Em fevereiro de 1949, numa terça-feira de Carnaval, ele recebeu em sua fazenda de Itu o repórter Samuel Wainer, que trabalhava para O Jornal, pertencente à cadeia jornalística de Assis Chateaubriand. Wainer fora enviado ao Rio

Grande para dar conteúdo a uma matéria pré-fabricada, sustentando a inviabilidade de plantar trigo no Brasil. Mas o repórter resolveu tentar uma cartada que mudaria sua vida: entrevistar Getúlio. Nessa entrevista, perguntado sobre sua volta ao primeiro plano da política nacional, Getúlio respondeu: "Sim, eu voltarei, não como líder político, mas como líder das massas". Essa frase deu origem ao mais popular dos slogans da futura campanha do candidato: "Ele voltará".

Um balé de nomes e passos curtos marcou os primeiros meses de 1949, até que a UDN e o PSD decidissem, em maio, lançar candidatos à Presidência da República. Enquanto a UDN relançava o brigadeiro Eduardo Gomes, o PSD saía para a disputa com um nome obscuro do ponto de vista político: o do mineiro Cristiano Machado. Dada essa divisão e ainda competindo com nomes tão distantes da massa popular, Getúlio e Adhemar podiam esfregar as mãos de alegria. Um dia depois da convenção do PSD, a candidatura de Getúlio era homologada pelo PTB, contando com o apoio do PSP, que indicaria para a Vice-Presidência João Café Filho, deputado pelo Rio Grande do Norte e antigo opositor do Estado Novo.

Aos 67 anos de idade, Getúlio entrou vigorosamente na campanha, que durou quase dois meses, visitando todos os estados e o Distrito Federal. Não parece ser obra do acaso o fato de que a campanha tenha começado em Porto Alegre, em 6 de agosto de 1950, e se encerrado em São Borja, em 30 de setembro. Dois temas foram centrais, em suas muitas dezenas de discursos: o nacionalismo e a reforma social. No primeiro, ele destacava os grandes empreendimentos de seu governo — a Companhia Vale do Rio Doce, a Fábrica Nacional de Motores e a usina siderúrgica de Volta Redonda — e prometia ampliar a ação do Estado, sem renunciar aos investimentos estrangeiros. No segundo, acenava com a extensão da legislação trabalhista aos trabalhadores do campo, para "manter e ampliar as conquistas alcançadas pacificamente, sem o apelo à luta de classes, em favor dos que trabalham e produzem. Atacava a "máquina montada em nome da liberdade política, com sacrifício da igualdade social", ao mesmo tempo que defendia a colaboração de classes: "O capital e o trabalho não são adversários, e sim forças que se devem unir para o bem comum". Em outro registro, ao aludir às ameaças que se faziam à sua candidatura, numa entrevista à *Folha da Manhã*, em julho de 1950, disse algumas frases tão melodramáticas quanto premonitórias:

> Conheço meu povo e tenho confiança nele. Tenho a plena certeza de que serei eleito, mas sei também que, pela segunda vez, não chegarei ao fim do meu governo. Terei de lutar. Até onde resistirei? Se não me matarem, até que ponto meus nervos poderão aguentar? Uma coisa lhes digo: não poderei tolerar humilhações.

Dessa vez não foi necessário aplicar o golpe baixo dos marmiteiros para marcar a distância entre a candidatura udenista e as massas populares. O Brigadeiro se encarregou de reforçar essa imagem, defendendo, por exemplo, a extinção do salário mínimo, em nome da liberdade contratual. Além disso, o clima de 1950 já não era o de cinco anos antes, quando a imagem do candidato udenista podia ser associada, sem arranhões, à democratização do país, enquanto Dutra trazia as marcas de um longo passado de sustentação do regime autoritário. Contribuiu também decisivamente para manchar a figura do Brigadeiro aos olhos dos setores letrados da sociedade, a aliança ostensiva com Plínio Salgado.

Nas eleições de 3 de outubro de 1950, Getúlio não alcançou a maioria absoluta de votos lograda por Dutra, atingindo um percentual de 48,7%. O resultado mais modesto decorreu da divisão entre o PTB e o PSD. Embora o candidato pessedista tenha sido abandonado, ou seja, "cristianizado" por amplos setores do partido, ainda assim obteve 21,5% dos votos, ficando o Brigadeiro em segundo lugar, com 29,7%, porém com uma performance pior do que em 1945. A divisão partidária fez alguns relativos estragos na candidatura de Getúlio no Rio Grande do Sul, onde ele alcançou 49,4% dos votos, contra os 73,5% obtidos por Dutra; em Minas, o Brigadeiro venceu por uma diferença apertada, enquanto Getúlio e Cristiano Machado tiveram votação quase equivalente. Mas foi nítido o apoio a Getúlio nas áreas mais urbanizadas do país, onde se concentravam as grandes massas de trabalhadores. Na capital da República e no estado de São Paulo, o candidato trabalhista alcançou em torno de 65% dos votos.

Essa votação, no caso de São Paulo, era particularmente expressiva, tendo em vista a confrontação com Getúlio que desembocara na revolução de 1932 e o triunfo eleitoral dos partidos adversários do governo federal até o golpe do Estado Novo. A verdadeira reviravolta resultava das transformações econômico-sociais que vinham ocorrendo em grande escala em São Paulo. O desenvolvimento econômico atraíra para o estado grandes levas de migrantes das pequenas cidades de Minas e do Nordeste e de trabalhadores do campo. Além disso, resultara na prosperidade de pequenos e médios industriais e comerciantes, que atribuíam sua ascensão à política de Getúlio. A velha classe média, os "paulistas tradicionais" tornavam-se cada vez mais antigetulistas, mas também cada vez mais minoritários. Deve-se ressalvar, porém, que a votação de Getúlio em São Paulo representou sobretudo um êxito pessoal, e não propriamente do PTB. O trabalhismo nunca seria forte no estado, sofrendo a concorrência de duas figuras que dominariam a cena política, diversas entre si mas expressando a importância do populismo regional paulista: Adhemar de Barros e Jânio Quadros.

A UDN tentou, inutilmente, impedir a posse de Getúlio, por uma interpretação descabida de que a Constituição de 1946, implicitamente, exigia a obtenção da maioria absoluta dos votos como requisito à eleição do presidente e do vice-presidente da República. Bem mais longe ia o temível jornalista Carlos Lacerda, na sua *Tribuna da Imprensa*, martelando, meses antes da eleição: "O sr. Getúlio Vargas, senador, não deve ser candidato à Presidência. Candidato, não deve ser eleito. Eleito, não deve tomar posse. Empossado, devemos recorrer à revolução para impedi-lo de governar".

Depois de ter ocupado a Presidência por quase quinze anos, Getúlio a ela retornava pela primeira vez pelo voto popular, após uma disputa em que a fraude fora muito reduzida quando comparada aos tempos da Velha República, graças ao voto secreto e ao surgimento da Justiça Eleitoral, que ele próprio criara. Tomou posse no Palácio do Catete em 31 de janeiro de 1951, num contexto de polarização de forças a que não estava habituado, e no âmbito de um regime democrático cujas virtudes não reconhecia.

No Carnaval de 1951, uma marchinha de Haroldo Lobo e Marino Pinto ecoaria o entusiasmo popular pela volta de Getúlio, associada à valorização do trabalho e a seu carisma. Era a famosa "Retrato do velho", cujos primeiros versos proclamavam:

> *Bota o retrato do velho outra vez,*
> *bota no mesmo lugar.*
> *O sorriso do velhinho*
> *faz a gente trabalhar.*

Contrastando com o entusiasmo, a voz da profunda decepção causada na classe média letrada, em razão da vitória getulista, subiu bastante o tom, como se pode perceber num editorial da revista *Anhembi*, de responsabilidade do escritor e jornalista Paulo Duarte:

> No dia 3 de outubro, no Rio de Janeiro, era meio milhão de miseráveis, analfabetos, mendigos famintos e andrajosos, espíritos recalcados e justamente ressentidos, indivíduos tornados pelo abandono homens boçais, maus e vingativos, que desceram os morros embalados pela cantiga da demagogia berrada de janelas e automóveis, para votar na única esperança que lhes restava: naquele que se proclamava o pai dos pobres, o messias charlatão.

Nos pouco mais de cinco anos que haviam transcorrido entre a queda de Getúlio e seu retorno ao poder, muita coisa mudara no Brasil e no mundo. A confraternização dos vencedores do nazifascismo durou muito pouco, dando lugar à Guerra Fria. No Brasil, o anticomunismo reapareceu com força — o que era, afinal de contas, uma constante entre as elites e amplos setores da classe média desde os anos 20. Em maio de 1947, o Tribunal Superior Eleitoral (TSE) cancelou o registro do PCB, colocando-o na ilegalidade. Seguiram-se o fechamento de centenas de células do partido, a intervenção em sindicatos controlados pelos comunistas e, em janeiro de 1948, a cassação dos mandatos dos parlamentares eleitos. No plano externo, o Brasil rompeu relações diplomáticas com a União Soviética em outubro de 1947.

O quadro internacional potencializava divisões que já existiam na cúpula militar, entre os liberal-conservadores, partidários de relações estreitas com os Estados Unidos, e os nacionalistas, que se propunham a limitar ou pôr obstáculos a tais relações. A disputa se estendia ao plano econômico. Os nacionalistas defendiam o desenvolvimento baseado na industrialização, enfatizando a necessidade de criar um sistema econômico autônomo, independente do sistema capitalista internacional. Isso significava dar ao Estado um papel central como regulador da economia e investidor em áreas estratégicas — petróleo, siderurgia, transportes, comunicações. Sem recusar o capital estrangeiro, os nacionalistas o encaravam com muitas restrições, seja por razões econômicas, seja porque acreditavam que o investimento de capital estrangeiro em áreas estratégicas poria em risco a soberania nacional.

Os adversários dos nacionalistas, chamados depreciativamente de entreguistas, defendiam menor intervenção do Estado na economia, não davam tanta prioridade à industrialização e sustentavam que o progresso do país dependia do rígido combate à inflação, do equilíbrio dos gastos governamentais e do ingresso de capital estrangeiro. As duas correntes se equilibravam, mas em maio de 1950, nas estratégicas eleições para o Clube Militar, a chapa nacionalista encabeçada pelo general Estillac Leal venceu os liberal-conservadores, liderados pelo general Cordeiro de Farias. Em fins de junho de 1950, o início da Guerra da Coreia agravou a divisão do mundo em dois campos. Mais uma vez, as repercussões no Brasil foram claras. Em dezembro, a *Revista do Clube Militar* publicou um artigo em que responsabilizava os Estados Unidos pelo conflito e defendia a estrita neutralidade brasileira, provocando muitas reações, sob a alegação de que seu conteúdo era russófilo. A revista foi suspensa por vários meses e houve transferências punitivas e prisões de oficiais nacionalistas.

No plano econômico-financeiro, o governo Dutra seguira um caminho errático, passando da liberalização dos controles, especialmente na área do câmbio, à sua reintrodução, em 1947; da chamada industrialização espontânea passou-se à tentativa fracassada de planejamento estatal, com o Plano Salte, apresentado ao Congresso em maio de 1948, mas aprovado somente dois anos depois. Pontos positivos foram a inauguração da usina de Volta Redonda, para a qual Getúlio sequer foi convidado, e o início da construção da hidrelétrica de Paulo Afonso, no Nordeste.

Tomando-se como base o ano de 1947 — o primeiro em que se apurou o PIB nacional —, houve sensível crescimento econômico entre 1949 e 1951: em média 8% ao ano. Mas as condições de vida das classes trabalhadoras se agravaram, o que era um terreno fértil para a eleição de Getúlio e as esperanças nele depositadas. Calcula-se que a inflação elevou-se em 60% no período Dutra, enquanto o salário médio não cresceu, nem de longe, na mesma proporção; o salário mínimo manteve-se no mesmo nível fixado por Getúlio em dezembro de 1943.

Na composição de seu ministério, Getúlio se inclinou pelo conservadorismo ao atribuir ao PSD a maioria das pastas, com João Neves da Fontoura no Exterior e o industrial paulista Horácio Lafer, no Ministério da Fazenda. O PTB ficou apenas com o Ministério do Trabalho, nas mãos de Danton Coelho, responsável por uma campanha de sindicalização dos trabalhadores. Mas, para um ministério-chave, o da Guerra, Getúlio nomeou um emblemático nacionalista — o general Estillac Leal.

No discurso de posse, Getúlio tirou partido do comportamento contraditório de seus inimigos udenistas, que haviam tentado impedir sua posse em nome da pureza democrática. Disse ele que, "como falsos pastores, pretendiam assumir uma espécie de curatela da opinião popular porque ainda não estávamos amadurecidos e preparados para os prélios cívicos e os embates ideológicos que fortalecem e vivificam o espírito e a prática de democracia", invertendo assim, habilmente, os rótulos pelos quais se identificavam governo e oposição nos últimos anos do Estado Novo.

Ao mesmo tempo, Getúlio preocupava-se com a distância entre as possibilidades reais de mudança e as expectativas da massa da população. A advertência nesse sentido era clara: "Não venho semear ilusões, nem deveis esperar de mim os prodígios e os milagres de um messianismo retardatário. Não vos aceno com a idade da plenitude e da abundância como um fabricante de sortilégios".

No terreno da economia, as iniciativas no sentido de promover o desenvolvimento ganharam um ímpeto extraordinário. O planejamento, numa perspectiva nacionalista, ficou nas mãos de um novo órgão, a Assessoria Econômica, diretamente vinculada à Presidência, sob a chefia de Rômulo de Almeida. Em fevereiro de 1952, foi fundado o Banco Nacional de Desenvolvimento Econômico (BNDE) — mais tarde BNDES, ao se incluir em seu nome a referência ao social —, diretamente orientado para o propósito de acelerar o desenvolvimento industrial, privilegiando as inversões de infraestrutura.

O ministro Horácio Lafer, em setembro de 1951, apresentou um plano de desenvolvimento que deveria contar com a cooperação financeira dos Estados Unidos, contendo uma extensa lista de projetos que abrangiam, entre outros pontos, a criação de novas fontes de energia elétrica, a expansão da indústria de base, a modernização dos transportes, a ampliação dos serviços portuários e a introdução de novas técnicas na agricultura. Todos os projetos deveriam ser levados à consideração da comissão mista Brasil–Estados Unidos, instalada em julho daquele ano no Rio de Janeiro. Não sem dificuldades, o governo conseguiu aprovar no Congresso, em novembro, a criação do Fundo de Reaparelhamento Econômico, destinado a financiar o Plano Lafer, em moeda nacional, por meio de um adicional de 15% do imposto de renda. Mas a implementação do plano encontrou sérios obstáculos, entre outras razões porque o Banco Mundial concedeu ao governo brasileiro créditos muito abaixo do esperado.

Em 6 de dezembro de 1951, Getúlio enviou ao Congresso o projeto de criação da Petrobras, que iria pôr em confronto as facções políticas e mobilizar socialmente o país. O projeto não previa o monopólio estatal do petróleo, e contrariava assim as teses centrais da campanha desencadeada no curso do governo Dutra, com o lema "O petróleo é nosso". Mas se não era tão estatista como os cultores do Estado desejavam, nem por isso deixava de ser nacionalista. O flanco maior, para os nacionalistas, encontrava-se no dispositivo que permitia a empresas organizadas no país, entre as quais algumas estrangeiras, deter até um décimo das ações da futura empresa, de economia mista.

Getúlio acentuou que o texto proposto assegurava o controle do Estado no empreendimento. Lembrou, com razão, que se tratara de evitar práticas monopolistas do capital estrangeiro e mesmo nacional, dadas as limitações impostas aos inversores particulares na subscrição de ações com voto e dada a esmagadora maioria dos poderes públicos no capital social.

Mas os tempos não eram de serenidade. Setores militares e civis acusaram Getúlio de ceder aos interesses dos trustes estrangeiros, e surpreendentemente a UDN resolveu capitalizar a onda nacionalista, declarando-se favorável ao monopólio estatal. Essa atitude não pode ser vista apenas como oportunismo político, por revelar, ao mesmo tempo, a força da ideologia nacionalista nas condições da época. A campanha do petróleo ganhou as ruas, com o apoio de setores trabalhistas e dos comunistas, estes agora martelando a tese de que Getúlio demonstrava, uma vez mais, não passar de um "lacaio do imperialismo". Pelo seu ímpeto e seu caráter multiclassista, a chamada luta pelo petróleo demonstrou que os ideais nacionalistas eram um instrumento capaz de mobilizar a nação com uma amplitude que movimentos baseados em reivindicações de classe jamais conseguiram lograr. A repressão a algumas manifestações

— um comício na Cinelândia foi dispersado pela polícia a tiros em julho de 1952 — ajudou a desgastar, provisoriamente, a imagem de Getúlio como encarnação do nacionalismo.

Por fim, após longas disputas no Congresso, quase dois anos depois da apresentação do projeto, Getúlio sancionou a lei de criação da Petrobras em outubro de 1953. A Petrobras se definia como empresa de propriedade e controle totalmente nacionais, com participação majoritária da União, encarregada de explorar, em caráter monopolista, todas as etapas da indústria petrolífera, menos a distribuição. Na prática, a lei consagrava o monopólio estatal do petróleo e excluía a participação de empresas estrangeiras.

À aprovação da Petrobras iria seguir-se, em abril de 1954, a proposta ao Congresso de criação da Eletrobras, com o objetivo de enfrentar o déficit energético do país. Combatido pela oposição e por empresários, como uma interferência desnecessária no setor, o projeto não caminhou até a morte do presidente, e só viria a ser aprovado em 1961. É significativo assinalar que em sua carta-testamento Getúlio faria referência aos obstáculos opostos à criação da Eletrobras, como exemplo do cerco que lhe faziam os inimigos externos e internos do país.

O relato das iniciativas mostra como o objetivo central de Getúlio, no plano econômico, consistiu em promover uma política de substituição de importações e de implantação de um forte setor industrial, em que o Estado tinha papel importante na constituição de uma infraestrutura básica. Seria porém errôneo afirmar que os latifundiários tenham sido simplesmente abandonados. Em primeiro lugar, o presidente fez apenas acenos no sentido da extensão da legislação trabalhista ao campo. Também não se empenhou em dar andamento ao projeto de lei de desapropriação de terras por interesse social, encaminhado ao Congresso. No tocante ao setor cafeeiro, manteve uma política de preço internacional elevado, que provocou irritação nos Estados Unidos. Uma comissão do Senado americano chegou mesmo a investigar o "preço exorbitante" sustentado pelo Brasil. Mas a SUMOC iria introduzir, em outubro de 1953, uma medida que demonstrava quais eram os objetivos principais e quais os secundários do governo. Pela via do confisco cambial, sob protestos do setor cafeeiro, o governo passou a reter uma parte dos dólares recebidos pelos exportadores, ao serem convertidos em cruzeiros, com o objetivo de financiar projetos considerados prioritários.

O impulso desenvolvimentista veio acompanhado de muitos problemas. Dentre eles destaca-se o avanço da inflação, mantida estável num patamar em torno de 12% ao ano, mas que saltou para quase 21% em 1953. Observe-se também que a inflação dos anos 1951-52, apesar de não ser preocupante em termos genéricos, correspondeu a uma forte elevação de preços de gêneros alimentícios de consumo popular, como o feijão, o leite e a farinha de mandioca. A pressão inflacionária decorria de vários fatores. A alta do preço internacional do café, em 1949, gerou uma ampliação das receitas em divisas. Convertidas em cruzeiros, as divisas resultaram em aumento da massa de moeda em circulação, e estimularam, assim, a procura de bens e a elevação de preços. Por outro lado, ao eclodir a Guerra da Coreia, o governo se endividou no exterior, financiando importações adicionais, pois se esperavam um acentuado aumento de preços e dificuldades no processo de importação, em decorrência do conflito. Outro dado importante se encontra no fato de que a expansão industrial vinha acompanhada de estrangulamentos nas áreas de transporte e energia, o que acarretava a elevação de custos e do preço final dos produtos. Dada a natureza dos investimentos em infraestrutura, as medidas tomadas pelo governo só poderiam surtir efeito a médio e longo prazo.

Por último, vale lembrar a política de crédito fácil dos bancos oficiais, promovida pelo então presidente do Banco do

Brasil, Ricardo Jafet — industrial de São Paulo, indicado por Adhemar de Barros. Tal política — e essa era mais uma das muitas contradições do chamado segundo governo Vargas — chocava-se com os esforços de Horácio Lafer, que, no Ministério da Fazenda, tratava de combinar a política de desenvolvimento com o controle da inflação. Esse objetivo se consubstanciou no Plano Nacional de Reequipamento Econômico, ou Plano Lafer, aprovado pelo Congresso em fins de 1951, apesar da oposição tanto da UDN quanto do PTB. O plano era uma primeira tentativa de orientar racionalmente investimentos em setores considerados prioritários, contando com recursos externos e internos, mas não chegou a ser levado à prática na íntegra, diante da crise nas relações com os Estados Unidos, em torno da questão do petróleo, do problema da sustentação do preço do café e da crise do balanço de pagamentos.

Getúlio herdara do governo Dutra um saldo positivo na balança comercial de 425 milhões de dólares, mas em 1951 o excedente caíra para 61 milhões, transformando-se em 1952 em um déficit de 286 milhões de dólares. Para a reversão concorriam o crescimento das importações; a queda dos preços dos principais produtos de exportação, com exceção do café; e a excessiva apreciação da moeda, que tornava gravosos vários produtos, portanto sem condições de competir com vantagem no mercado internacional.

No âmbito de uma reforma ministerial, em agosto de 1953, Getúlio tratou de harmonizar as linhas do Ministério da Fazenda e do Banco do Brasil. Substituiu Horácio Lafer por Osvaldo Aranha e colocou Marcos de Sousa Dantas, pessoa com longa experiência nos meios fazendários, na presidência do Banco do Brasil. Ambos desenharam o chamado Plano Aranha que buscava a estabilização econômico-financeira e instituía, para tanto, uma significativa reforma cambial, como primeira etapa de um conjunto de medidas no setor das finanças públicas, da moeda e do crédito. Getúlio mantivera o controle cambial estabelecido em 1947 pelo governo Dutra, pelo qual a carteira de exportação e importação do Banco do Brasil (CEXIM) estabelecia uma lista de prioridades de bens a importar e concedia, a partir daí, licenças à importação. A atuação da CEXIM gerou críticas em várias direções. Economistas como Eugênio Gudin e políticos da UDN tomaram-na como exemplo dos males que a intervenção do Estado produzia na economia em geral. Não sem motivo, criticava-se a burocratização do órgão e a corrupção de alguns de seus dirigentes.

A partir do início de 1953, quando o governo realizou várias modificações na política cambial, surgiram também divergências entre setores econômicos e no âmbito das associações industriais acerca do conteúdo das medidas. A FIESP, mais próxima do governo e que até fins de 1952 mantivera seu apoio à CEXIM, passou a criticar a importação de produtos supérfluos numa conjuntura de extrema escassez de divisas. Na FIRJ, ganhou força um grupo de industriais contrário à intervenção governamental na política econômica e francamente simpático ao ingresso de capitais estrangeiros. Desse modo, desenhavam-se fissuras no apoio dos empresários industriais a Getúlio, fissuras que se tornariam mais graves no curso de 1954.

A chamada Lei do Câmbio Livre, de janeiro de 1953, buscando combinar um regime de câmbio livre com um mercado oficial, provocou protestos da cafeicultura, pois o café ficou de fora da desvalorização do cruzeiro, que beneficiava os exportadores em geral. A FIESP, que recebera a lei como um "bálsamo milagroso para nossos males", voltou-se em parte contra ela pelo fato de as importações serem feitas pelo câmbio livre. Logo adiante, em setembro, foi baixada a Instrução 70 da SUMOC, que substituiu o sistema de licenças pelo de aquisição de divisas em leilões de câmbio, nos quais se classificavam as importações em cinco categorias preferenciais. O novo sistema tinha como objetivos equilibrar o balanço de pagamentos, selecionar e controlar as importações, estimular as exportações e conter o processo inflacionário. A FIESP considerou a instrução, de cuja elaboração não participara, uma "guinada de 180 graus na política exterior do Brasil", e manifestou uma atitude de "franca reserva" com relação a ela. Dos confrontos entre a indústria paulista e o ministro Osvaldo Aranha, acabou resultando um entendimento pelo qual, implicitamente, o governo reduziu o poder da burocracia nas decisões e deu voz à grande indústria, que conseguiu acelerar uma de suas maiores metas: o processo de revisão da política aduaneira. De qualquer modo, a reforma cambial produziu resultados positivos no curto prazo, graças ao incremento das exportações no último trimestre de 1953, permitindo que o ano terminasse com saldo favorável da balança comercial. Mas já no início de 1954, com a retração do mercado americano no tocante à compra de café, entre outros fatores, os desequilíbrios retornaram com maior intensidade. Em poucos meses fracassara o Plano Aranha, antes que a sequência das medidas previstas pudesse ser implementada.

No plano das relações internacionais, em particular com os Estados Unidos, Getúlio seguiu sua linha de nacionalismo pragmático, em meio a uma situação em que ganhavam vulto os interesses estratégicos e comerciais da grande potência. A proposta de envio de tropas de países latino-americanos para lutar na Guerra da Coreia foi recebida com frieza na IV Conferência de Chanceleres Americanos, realizada em Washington em março de 1951. No caso do Brasil, a proposta provocou manifestações populares de repúdio, nas quais os comunistas figuraram em primeiro plano. O presidente empurrou o assunto com a barriga até dezembro daquele ano, quando afastou definitivamente a hipótese. Em compensação, facilitou a exportação de monazita, mineral estratégico para o desenvolvimento de energia nuclear e armas atômicas, sem exigir uma contrapartida específica, como a legislação exigia.

No início de 1952, duas iniciativas salientaram a diretiva pragmática do governo Vargas com relação aos Estados Unidos. Em janeiro, Getúlio baixou um decreto, que tinha razões de natureza tanto política quanto econômica, impondo um limite de 10% para a remessa de lucros ao exterior. A rigor, o decreto era mais uma ameaça do que uma realidade, pois condicionava a aplicação do limite ao julgamento da SUMOC sobre a sua necessidade, se houvesse pressões do balanço de pagamentos.

Por outro lado, pouco mais de dois meses depois, o ministro do Exterior, João Neves da Fontoura, assinou no Rio de Janeiro o Acordo Militar Brasil-Estados Unidos, sujeito a ratificação pelo Congresso, negociado, do lado brasileiro, por ele e pelo general Góis Monteiro. O acordo, que suscitou renovadas acusações à "subserviência" de Getúlio, incluía, entre outros itens, o compromisso dos Estados Unidos de fornecer equipamentos e serviços ao Brasil, que por sua vez forneceria aos americanos materiais estratégicos, especialmente urânio e monazita.

As relações entre os dois países iriam se tornar mais difíceis a partir da vitória republicana que levou o general Eisenhower ao poder, em janeiro de 1953. Além de converter o anticomunismo numa verdadeira cruzada, o governo dos Estados Unidos adotou uma postura rígida diante dos problemas financeiros dos países então chamados "em desenvolvimento". A linha dominante consistia em abandonar a assistência estatal e dar preferência aos interesses privados. As possibilidades de o Brasil obter créditos públicos para obras de infraestrutura e para cobrir déficits do balanço de pagamentos encolheram sensivelmente. Os trabalhos no nível de Estado realizados pela comissão mista Brasil-Estados Unidos chegaram praticamente ao fim, sendo substituídos por negociações de crédito com os bancos privados.

No campo das relações com os países sul-americanos, com Getúlio no poder no Brasil e Perón na Argentina, estariam dadas, aparentemente, as condições para uma aproximação, ditada por afinidades ideológicas. Segundo Carlos García Marín, secretário administrativo do Sindicato de Petroleiros da Argentina e amigo de Perón, entrevistado em 1995 pelo jornalista Hamilton Pereira, o general financiou parte da campanha de Getúlio à Presidência da República em 1950, fornecendo dinheiro e material de campanha. João Goulart e o então futuro embaixador na Argentina, Batista Luzardo, eram os maiores entusiastas de uma estreita aproximação entre os dois líderes. Após a chegada de Getúlio ao poder, Perón propôs-lhe entendimentos para a formação de uma aliança político-econômica e militar, prevendo uma união aduaneira e a coordenação da defesa do Atlântico Sul. Quando o general Carlos Ibañez del Campo assumiu o governo do Chile, em 1952, Perón aproximou-se também do governo daquele país, na tentativa de formar o chamado pacto ABC, que reuniria Argentina, Brasil e Chile. Mas desde o início de seu governo Getúlio tratou de escapar de qualquer compromisso amplo com Perón e assinou apenas acordos comerciais específicos. Segundo relatos da embaixada argentina no Rio de Janeiro, ele evitou comprometer-se a fundo, alegando os percalços que seu governo vinha sofrendo, desde os primeiros meses.

Desse modo, ao contrário do que alardeava a oposição, Getúlio cercou-se de muitas cautelas nos contatos com o general e fugiu aos encontros pessoais. Nesse sentido, desaconselhou a Perón o comparecimento à sua posse e adiou indefinidamente uma visita à Argentina. Getúlio não estava disposto, no campo da política externa, a seguir o caminho de Perón, que ousara formular explicitamente uma terceira posição, no curso da Guerra Fria, distanciada tanto dos países comunistas quanto dos Estados Unidos. Tinha presente também que os militares opunham muitas restrições a acordos em profundidade com a Argentina, e sentia na pele os ataques da oposição, que começava a denunciar os supostos entendimentos para a implantação de uma república sindicalista, alicerçada, externamente, no pacto ABC.

O tripé populista se desequilibrou, quando comparado com o sólido figurino dos últimos anos do Estado Novo. O Estado continuou a ser o polo central, aumentando bastante seu papel no campo das iniciativas econômicas, mas setores do empresariado industrial, como já foi visto, começaram a colocar restrições à política econômico-financeira do governo. As maiores críticas tinham como alvo o discurso de Getúlio, que apelava cada vez mais à organização dos trabalhadores, às iniciativas no sentido de taxar os lucros extraordinários, e sobretudo à elevação do salário mínimo.

A classe trabalhadora e a maioria dos dirigentes sindicais acompanharam o governo, que a eles dedicou especial atenção. No 1º de maio de 1951, retomando os comícios no estádio do Vasco, Getúlio não poderia ser mais incisivo:

> Preciso de vós, trabalhadores do Brasil. [...] Chegou, por isso mesmo, a hora de o governo apelar para os trabalhadores e dizer-lhes: Uni-vos todos em vossos sindicatos como forças livres e organizadas. O sindicato é a vossa arma de luta, a vossa fortaleza defensiva, o vosso instrumento de ação política.

O presidente não ficou nas palavras, e decretou a elevação do salário mínimo em dezembro daquele ano. No nível mais alto, fixado para o Rio de Janeiro e São Paulo, correspondia a um aumento de aproximadamente 300% do índice que ele mesmo estabelecera mais de oito anos antes. O Ministério do Trabalho aboliu o chamado atestado de ideologia para as eleições sindicais, que o governo Dutra estabelecera com o propósito de impedir a eleição de comunistas e mesmo de trabalhistas. Demonstrou assim seus objetivos de renovar as lideranças sindicais, abrindo a possibilidade de substituir pelegos, que haviam se convertido em figuras decorativas e parasitárias, por nomes menos passivos. Ao mesmo tempo, sancionou em janeiro de 1953 uma nova Lei de Segurança Nacional, regulando os crimes contra o Estado e a ordem política e social, cujo alvo imediato era "a agitação comunista".

Mas as medidas de Getúlio não eliminavam um quadro econômico aflitivo para as classes trabalhadoras, vítimas preferenciais da inflação. Em janeiro de 1953, várias greves irromperam no Rio de Janeiro, sem paralelo, entretanto, com o que ocorreria em São Paulo no mês de março. Para começar, um fato político: em 22 de março, o exótico Jânio Quadros elegia-se à prefeitura de São Paulo, derrotando os grandes partidos PSP, PTB, UDN.

No dia seguinte, uma greve geral dos têxteis, liderada pelo tecelão Antônio Chamorro, vinculado ao PCB, explodiu na cidade, tendo como principal reivindicação um aumento salarial e também a revogação do Decreto-lei 9070. Esse decreto, embora viesse da época da ditadura, era ainda aplicado, tornando praticamente inviável a legalidade das greves. O movimento contou com a adesão de marceneiros, vidreiros e gráficos, e estendeu-se a várias cidades do interior do estado. Em franca oposição ao governo central, o PCB deu o tom à chamada Greve dos 300 Mil ao culpá-lo pelo sacrifício dos trabalhadores. Uma grande manifestação não autorizada, na praça da Sé, em 31 de março, foi violentamente reprimida pela polícia estadual, resultando em centenas de prisões. Contrariando a orientação de Getúlio, o ministro do Trabalho, Segadas Viana, que substituíra Danton Coelho, ensaiou enquadrar os grevistas na Lei de Segurança Nacional.

A greve, que alcançou uma vitória parcial, representou para Getúlio um desgaste considerável. De um lado, as direções sindicais governistas e o PTB foram ultrapassados pelo movimento; de outro, não obstante esse fato, a UDN acusava o presidente de manipular a situação para que o clima de desordem resultasse em seu proveito.

É em consonância com esse quadro que se deve entender a nomeação de João Goulart — mais conhecido, desde criança, pelo apelido de "Jango" — para o Ministério do Trabalho, na reforma ministerial de meados de 1953. Era impossível imaginar para o cargo um nome mais fiel a Getúlio. Jango nascera em São Borja, em 1919, e seu pai fora sócio de Protásio Vargas numa empresa especializada no comércio de charque. A aproximação entre Getúlio e o jovem Jango — havia uma diferença de 37 anos entre eles — ocorreu notadamente quando o primeiro regressou a São Borja após sua deposição, em 1945. Seguiu-se uma rápida ascensão política que levou Jango a destacar-se como líder petebista no Rio Grande, como hábil negociador das dissensões partidárias e ainda como deputado estadual e federal. Graças ao apoio de Getúlio, Jango passou a controlar os principais cargos dos institutos de previdência social e a exercer forte influência nos meios sindicais.

Jango demonstraria sua habilidade e os recursos de que dispunha ao lidar com uma greve de 100 mil marítimos, contendo reivindicações salariais e sindicais, que estava em curso quando assumiu o ministério. Como a greve ocorria em um setor de interesse público, submetido à regulação do Estado, ele pôde impor o atendimento da maioria das reivindicações dos grevistas, entre elas a do afastamento da diretoria da Federação dos Marítimos.

Mas se Jango se destacava pela fidelidade, tinha flancos que atingiam Getúlio e tomava iniciativas tendentes a dar rumos mais mobilizadores ao populismo, numa linha cujos contornos escapavam aos limites traçados por seu líder. Por seus contatos com Perón e a evidente simpatia pelo general, Jango converteu-se na besta-fera da oposição. De fato, ele se afinava com uma linha peronista de governo, especialmente na área do trabalho, dispondo-se a conceder benefícios aos trabalhadores sem atentar para o que hoje se chama de responsabilidade fiscal. Exemplo típico, a proposta de aumento de 100% do nível do salário mínimo, cujo impacto negativo foi enorme nos meios militares e empresariais, abalando o já desgastado equilíbrio do tripé populista.

No plano político-partidário, Getúlio enfrentava uma oposição aguerrida e eficaz, que o odiava visceralmente. Ela se concentrava numa facção dominante da UDN — a "banda de música", constituída no Congresso por figuras como Bilac Pinto, Aliomar Baleeiro, Adauto Lúcio Cardoso e José Bonifácio Lafayette de Andrada — que tinha um eco imenso nos meios de informação, no Congresso e na opinião pública. A ruidosa banda de música distinguia-se dos udenistas "chapa branca", quase todos parlamentares do Nordeste, dispostos a uma aproximação com o governo, que Getúlio sempre quis promover. Prova disso, entre outras, foi a nomeação de João Cleofas, usineiro pernambucano, para ocupar o Ministério da Agricultura. Como figura característica do radicalismo anti--Getúlio, de nítidos acentos populistas, destacava-se Carlos Lacerda, que, na *Tribuna da Imprensa*, lançava petardos incendiários contra o presidente.

As tentativas da oposição no sentido de afastar Getúlio do poder martelavam em dois temas acusatórios: o do autogolpe getulista, com o apoio dos sindicatos, e o da responsabilidade pela corrupção. O caso do jornal *Última Hora* foi um bom pretexto para jogar lenha na fogueira. Entre outras derrotas, Getúlio perdera a batalha dos meios de informação. Tinha contra si a implacável cadeia de jornais e rádios de Assis Chateaubriand, O Estado de São Paulo e a Tribuna da Imprensa. A Última Hora tinha sido fundada em 1951 por Samuel Wainer, como órgão oficioso do governo, destinado ao grande público. A guerra da imprensa foi um dos traços característicos do segundo governo Vargas, e a Última Hora se destacou do lado governista. Em suas páginas, o caricaturista Lan traçou a figura de Lacerda como a de um corvo, designação que o acompanhou pelos anos afora.

A acusação pessoal contra Wainer, conhecido em certas rodas como "o judeu", pretendia desqualificá-lo para exercer a direção de um jornal, por sua suposta condição de estrangeiro, nascido na Europa Central. Mais ainda, a oposição acusava o governo, não sem razão, de financiar abusivamente a Última Hora, através do Banco do Brasil, tudo resultando numa CPI no Congresso, cujo objetivo maior, não alcançado, foi o de obter o impeachment de Getúlio. De qualquer forma, ao bater na tecla do combate à corrupção, a UDN empunhava uma bandeira eficaz que o populismo e a esquerda desprezavam. Faltava-lhe porém associar a bandeira a nomes que falassem ao povo.

Por sua vez, o ambiente militar do início dos anos 50 distanciava-se daquele com que Getúlio estava acostumado a lidar, no qual as tendências eram controladas por algumas figuras de cúpula, essencialmente Góis e Dutra. Agora não só Góis já não tinha o poder de outrora, não só Dutra se tornara seu inimigo, como as facções e cruzamentos tinham se multiplicado. Para agravar a cena, a Aeronáutica se convertera em uma força política, em que predominavam oficiais antigetulistas, em particular o brigadeiro Eduardo Gomes, atuante nas articulações para a derrubada do presidente.

Naqueles anos, as eleições para a diretoria do Clube Militar foram um sensível indicador da virulência dos confrontos internos e da ascensão dos oficiais conservadores antigetulistas. Em maio de 1952, após uma campanha em que não faltaram prisões, intimidações e até torturas, ao que parece apenas por parte dos conservadores, estes triunfaram por ampla maioria. A chapa da Cruzada Democrática, que tinha por objetivo, segundo afirmava, combater a politização do clube, sustentar os interesses corporativos e o "nacionalismo sadio", liderada pelos generais Alcides Etchegoyen e Nelson de Melo, bateu por larga margem a chapa nacionalista, formada por Estillac Leal e Horta Barbosa.

A Cruzada Democrática contou com o apoio da grande maioria dos militares em postos de comando, assim como do ministro da Guerra, general Ciro do Espírito Santo Cardoso, que Getúlio nomeara para o posto após demitir Estillac, em março de 1952. A demissão de Estillac era mais um indicador da divisão de correntes no interior das Forças Armadas, tendente a enfraquecer Getúlio. Ela resultara das desavenças entre o ministro e o comandante da Zona Militar do Leste, Zenóbio da Costa, também afastado na ocasião, ambos defensores do governo. Mas enquanto Estillac pendia para o nacionalismo radical e a aproximação com os comunistas, Zenóbio e sua corrente vislumbravam no comunismo o inimigo principal, distanciando-se, entretanto, dos conservadores por sua fidelidade a Getúlio.

A proposta de aumento de 100% do salário mínimo, nos primeiros meses de 1954, lançou mais lenha à fogueira. No chamado "Manifesto dos coronéis", 81 coronéis ou tenentes-coronéis protestavam contra o abandono em que o governo deixara o Exército, em termos tanto de equipamento quanto de níveis salariais, e advertiam que a crise militar dividira a oficialidade, o que poderia ser fatal para o Brasil diante do "comunismo solerte, sempre à espreita". Lembravam ainda que a elevação de

100% do salário mínimo faria que um trabalhador qualificado passasse a ganhar quase o mesmo que uma pessoa com formação universitária. Entre os signatários do documento estavam militares que teriam papel de destaque na vida política, todos eles pertencentes, àquela altura, ao grupo da Cruzada Democrática: entre outros, Amauri Kruel, Sizeno Sarmento, Golbery do Couto e Silva, Sílvio Frota, Ednardo d'Ávila e Euler Bentes.

Getúlio reagiu com uma ação de mão dupla. Demitiu do Ministério da Guerra o general Espírito Santo Cardoso, supostamente por não adverti-lo do vulto dos problemas, e fez o mesmo com Jango. Mas a linha que o presidente seguiria em 1954 seria a da aproximação com os trabalhadores, seja pela escalada retórica, seja pela concessão de benefícios. Em 1º de maio, anunciou o aumento de 100% do salário mínimo e elogiou Jango, "incansável amigo e defensor dos trabalhadores". Terminou seu discurso com um apelo expressivo, num vocativo incomum, ainda mais quando dirigido às massas trabalhadoras:

> A minha tarefa está terminando, e a vossa apenas começa. O que já obtivestes ainda não é tudo. Resta ainda conquistar a plenitude dos direitos que vos são devidos e a satisfação das reivindicações impostas pelas necessidades [...]. Há um direito de que ninguém vos pode privar, o direito de voto. E pelo voto podeis não só defender os vossos interesses como influir nos próprios destinos da nação. Como cidadãos, a vossa vontade pesará nas urnas. Como classe, podeis imprimir ao vosso sufrágio a força decisória do número.

Em seguida vinha o fecho exemplar: "Constituís a maioria. Hoje estais com o governo. Amanhã sereis o governo".

A inclinação de Getúlio no sentido de atrair os trabalhadores, arrostando as inquietações e oposições militares, a perda de prestígio junto à classe dominante e a classe média profissional, lembra, com as devidas diferenças de conjuntura, a aproximação com o queremismo. Ambas as opções eram um erro estratégico e resultaram em fracasso. O comportamento de Getúlio nesses momentos cruciais desmente, assim, um dos estereótipos mais duradouros sobre a sua personalidade: a capacidade de manobrar e de mediar conflitos, em quaisquer circunstâncias.

Em abril de 1954, em meio à crise de confiança no governo, motivada pelo temor de que Getúlio fosse incapaz de manter a ordem constitucional e de resistir ao comunismo, uma entrevista à imprensa de João Neves da Fontoura elevou a temperatura política, dando mais armas à oposição. João Neves fora substituído no Ministério das Relações Exteriores, na reforma ministerial de meados do ano anterior, e passara a articular-se com a oposição. Na entrevista, ele declarava estar ciente de um acordo secreto assinado entre Vargas e Perón, no rumo da constituição do ABC, para se contrapor à hegemonia americana. Embora não apresentasse provas e apesar dos desmentidos, João Neves falava com a autoridade do cargo que desempenhara, e os frequentes encontros de Jango com Perón, quando Jango era ministro do Trabalho, deram lastro à campanha da oposição no sentido de que se preparava a implantação da república sindicalista, afinada com o modelo do peronismo. Mas apesar de todos os problemas, Getúlio conservava-se na Presidência. A oposição civil e militar precisava, para derrubá-lo do poder, de um detonador mais eficaz do que todos os que até então tinham sido ensaiados.

Gente muito próxima a Getúlio, a partir de sua guarda pessoal, entregou a seus inimigos o detonador, de uma eficácia sem paralelo. Foi o desfecho de uma história que começou no final de 1953, quando Gregório Fortunato encarregou Climério Euribes de Almeida — membro, como ele, da guarda pessoal de Getúlio — e Alcino João do Nascimento de levantar informações e seguir o jornalista Carlos Lacerda. O objetivo era descobrir algo que pudesse atingir em cheio um dos mais temíveis opositores do governo. No curso daqueles meses, em que a tensão política e as agressões verbais de Lacerda ao presidente cresceram, surgiu a ideia e empreendeu-se a tentativa de eliminá-lo. Gregório confessaria ser o mandante do crime, e o possível incentivo de figuras como Lutero Vargas, Danton Coelho, Euvaldo Lodi e o general Mendes de Morais nunca ficou provado. Quanto a Getúlio, mesmo seus inimigos mais irredutíveis, passado o calor da hora, reconheceriam que esteve alheio aos acontecimentos, quando mais não fosse porque a insensatez não se incluía entre seus defeitos.

No fim da noite de 4 de agosto de 1954, depois de seguir Lacerda, que participava de um ato político, Climério e Alcino foram aguardá-lo na entrada de sua residência, na rua Tonelero, em Copacabana. Seguiram para o local no táxi de um motorista conhecido — Nélson Raimundo —, que fazia ponto perto do Palácio do Catete. O táxi ficou à espera, numa rua transversal. Já passava da meia-noite quando Lacerda chegou, acompanhado do filho Sérgio e do major Rubens Florentino Vaz, integrante de um grupo da Aeronáutica que lhe dava proteção. O major percebeu a presença de um estranho — era Alcino — e foi em sua direção, tentando segurá-lo. Alcino, então, disparou dois tiros em Vaz e atingiu também Lacerda, que sacara de uma arma. O ferimento de Lacerda, no pé, não tinha maior gravidade, mas o major Vaz morreu a caminho do hospital, no colo do jornalista. Alcino fugiu no táxi de Nélson Raimundo, que esperava o grupo, cuja chapa foi anotada por um guarda também ferido. Foi fácil chegar ao taxista, que ao ser preso deu os nomes dos envolvidos no crime. A apuração das responsabilidades começou pela polícia civil, mas tomou vulto com a instalação, pela Aeronáutica, de um inquérito policial militar (IPM) na base aérea do Galeão. O local passou a ser o centro de poder paralelo dos oficiais da Aeronáutica, naqueles dias incertos, a ponto de ficar conhecido como "República do Galeão". Os principais incriminados no caso foram Gregório, Climério e Alcino.

Condenado a uma longa pena, Gregório foi esfaqueado e morto na prisão, em novembro de 1962. Climério também morreu na prisão, em março de 1975, quando faltavam poucos dias para ser libertado. No mês seguinte, Alcino foi solto, afirmando que nem sequer estava na rua Tonelero quando ocorrera o atentado. A versão de um complô da direita para provocar a queda de Getúlio é apenas um imaginoso exemplo de teoria conspirativa da história. Mas não há dúvida de que algo ficou no ar no tocante à cena do crime, que sequer foi reconstituída, a ponto de dar margem à hipótese de que não houve premeditação do atentado, cuja execução, de qualquer forma, foi um completo desastre.

Após o crime, as vozes da oposição se tornaram ainda mais inflamadas. Na Câmara, em 1º de agosto, Afonso Arinos responsabilizou Getúlio pelo ocorrido e exigiu sua renúncia:

> Eu falo a Getúlio Vargas como presidente e como homem [...] tenha a coragem de perceber que seu governo é hoje um estuário de lama e de sangue; observe que os porões de seu palácio chegaram a ser um vasculhadouro da sociedade [...]. E eu lhe solicito, homem, em nome do que há de mais alto no coração do meu povo: tenha a coragem de ser um desses homens, não permanecendo no governo se não for digno de exercê-lo.

Na *Tribuna da Imprensa*, em 9 de agosto de 1954, Lacerda proclamava: "Getúlio Vargas não é mais o chefe legítimo do governo. É o espectro de seus crimes que paira sobre a nação [...] no seu sibaritismo silencioso, é hoje uma promessa de maldição sobre o rosto puro e aflito do povo brasileiro".

Um crime político da maior gravidade fora praticado. A partir daí, a campanha pela renúncia de Getúlio ganhou o

Congresso, a imprensa e as ruas. Uma estranha campanha, incluindo desde setores conservadores da classe média até militantes do PCB, que identificavam o governo Vargas com os interesses dos latifundiários e do imperialismo, em obediência à linha partidária. Diante das violentas acusações, Getúlio dissolveu sua guarda pessoal e tentou se manter no poder, pessoalmente muito abalado. Naqueles dias difíceis, ele teria dito: "Tenho a impressão de que nos porões do Catete corre um rio de lama", frase amplamente utilizada por Lacerda, que transformou o "rio" em "mar de lama". Essa impressão de Getúlio deve ter sido reforçada pelo exame do arquivo particular de Gregório, apreendido por oficiais da Aeronáutica no Palácio do Catete, dando conta de transações irregulares que envolviam a figura de Manuel Vargas, filho do presidente.

A pressão pela renúncia ganhou cada vez mais adeptos na cúpula militar. Em 22 de agosto, os brigadeiros da Aeronáutica aprovaram proposta de Eduardo Gomes no sentido de que se comunicasse a Getúlio a necessidade de deixar o governo, escolhendo para a missão o general Mascarenhas de Morais, chefe do estado-maior das Forças Armadas. No diálogo com o general, Getúlio expressou sua recusa em termos claros e dramáticos: "Querem me escorraçar daqui como se eu fosse um criminoso. Não pratiquei nenhum crime. Portanto não aceito essa imposição". E ainda: "Daqui só saio morto. Estou muito velho para ser desmoralizado e já não tenho razões para temer a morte". A alta oficialidade da Marinha decidiu apoiar o gesto da Aeronáutica, que tinha o comando das iniciativas. Em 23 de agosto, o "Manifesto dos generais" endossava a exigência da renúncia. Entre os signatários estavam Canrobert Pereira da Costa, Juarez Távora, Peri Bevilacqua, Humberto de Alencar Castelo Branco, Henrique Lott.

Um clima de desagregação do poder e de golpe tomou conta do Rio de Janeiro. Nos jardins do Catete, trincheiras com sacos de areia davam ao palácio uma aparência de praça de guerra. Armas automáticas e metralhadoras foram distribuídas a alguns funcionários. Getúlio convocou uma reunião de seus ministros e familiares mais próximos, que começou às três da madrugada de 24 de agosto. Nela, os ministros militares foram muito hesitantes, optando obliquamente pela renúncia, apesar dos apelos do ministro da Justiça, Tancredo Neves, no sentido de que eles mostrassem disposição de sustentar o governo. Osvaldo Aranha declarou-se solidário com Getúlio em qualquer circunstância, apontou três hipóteses de resposta às pressões e disse que tudo dependia da decisão do presidente. Alzira Vargas fez um apelo à resistência, apoiada entre outros por Manuel Vargas, Danton Coelho e o general Caiado de Castro.

Getúlio saiu desanimado dessa reunião atropelada e foi dormir. Antes, determinou que os ministros militares mantivessem a ordem pública, dispondo-se a licenciar-se se conseguissem esse intento. Caso contrário, defenderia suas prerrogativas constitucionais, até mesmo com o sacrifício da própria vida. O sono do presidente foi curto, interrompido por novos fatos, como a intimação de seu irmão Benjamim para comparecer imediatamente ao Galeão. Alzira aproximou-se do pai para informar que alguns oficiais do Exército a haviam procurado, pedindo autorização para prender o brigadeiro Eduardo Gomes e o general Juarez Távora. Getúlio condenou a iniciativa, que aliás seria inútil àquela altura dos acontecimentos. Na manhã de 24 de agosto, às 6h30, chegou a notícia de que a cúpula militar exigia a renúncia e recusava a opção da licença, agora com o apoio do próprio ministro da Guerra, Zenóbio da Costa.

A partir daí, a cena final. Getúlio, vestido de pijama, retirou-se para o seu quarto, dizendo que o deixassem sossegado, pois iria descansar um pouco. Por volta das 8h30 ouviu-se um estampido. Quando familiares e ajudantes correram ao quarto, encontraram um Getúlio agonizante. Dera no peito um tiro de revólver que atingiu o coração. Dentre as peças e objetos que havia no quarto — uma cartela de comprimidos, uma receita de colírio, um par de óculos, um pente, uma caixa de charutos —, foi encontrada na mesinha de cabeceira, junto ao corpo, a cópia de uma carta com a assinatura do presidente: a carta-testamento de Getúlio Vargas.

O suicídio foi um grande e último gesto político de Getúlio, mas foi também, no plano pessoal, um gesto dramático que às vezes se tende a esquecer, como se a imagem fria e calculista de Getúlio se sobrepusesse à de um homem acossado por dúvidas existenciais, como mostram suas referências à alternativa do suicídio, em momentos críticos, desde os anos 30. Naquele mês de agosto, em menos de vinte dias, duas mortes produziram grande impacto político. A primeira — um crime sem a menor justificativa — dera munição a Lacerda e às outras lideranças udenistas, contribuindo poderosamente para levar o presidente ao suicídio. A segunda inverteu o jogo e tirou das mãos da oposição os trunfos de uma situação que parecia favorecê-la amplamente. As garrafas de champanhe que líderes oposicionistas tinham colocado na geladeira para festejar a queda de Getúlio não chegaram a espoucar. A hora não era de celebrações, mas de se cuidar, diante do que se passava nas ruas, e preparar uma saída política.

De fato, a morte de Getúlio desencadeou uma mobilização popular nas grandes cidades, que colocou os opositores em posição embaraçosa. A mobilização nutria-se das exortações contidas na carta-testamento, lançada ao ar logo após sua morte, pela Rádio Nacional, e publicada depois nos jornais. No Rio de Janeiro, foram atacadas as sedes da *Tribuna da Imprensa* e de *O Globo*. Uma investida contra a embaixada dos Estados Unidos e a Standard Oil foi rechaçada a bala, resultando em vários feridos. Em São Paulo, milhares de operários entraram em greve, ao mesmo tempo que uma multidão tentava atacar a sede dos Diários Associados. Cenas semelhantes ocorreram em Porto Alegre, em Belo Horizonte e no Recife. A multidão se compunha, em sua grande maioria, de gente que saíra às ruas espontaneamente. Mas contava também com os militantes e simpatizantes do PCB. O partido fazia mais uma das reviravoltas que marcaram sua história e desorientaram muitos de seus seguidores. Da noite para o dia, Getúlio passava de lacaio a vítima do imperialismo.

Nada ultrapassou em número e em emoção o cortejo que reuniu a maior multidão da história do Rio de Janeiro para levar o corpo ao aeroporto Santos Dumont, de onde seria trasladado para o Rio Grande. Luto e indignação marcaram o cortejo, pontilhado por incidentes de rua e uma tentativa de depredar instalações da Aeronáutica. Em 26 de agosto, Getúlio Vargas seria sepultado no túmulo da família, no cemitério de São Borja. João Goulart, Tancredo Neves e por último o orador flamejante que era Osvaldo Aranha expressaram, cada qual a seu modo, o sentimento dominante de revolta e de profunda tristeza.

5. Getúlio após a morte

A CONSTRUÇÃO DO MITO E OS HERDEIROS

A construção do mito Getúlio, como expressão da nacionalidade e defensor dos direitos dos trabalhadores e dos humildes, se fez ao longo de um percurso histórico de vários anos. Nesse percurso, combinaram-se, como já foi visto, as realizações materiais em favor das classes pobres e a sistemática elaboração simbólica do personagem. Getúlio não seria, pois, nessa elaboração, apenas "o pai dos pobres", na frase que se tornou banal; seria isso e bem mais do que isso, na medida em que teria corporificado a nacionalidade como expressão de um Brasil soberano e moderno.

Para cimentar a construção do mito, após a morte de Getúlio, a carta-testamento teve um papel relevante. A discussão sobre a autenticidade do documento é, em si mesma, um indicador da batalha política entre getulistas e antigetulistas. Os primeiros tendem a atribuí-la inteiramente a Getúlio; os últimos apontam para inserções maiores ou menores no texto divulgado. Entramos aqui no terreno das probabilidades, e não das afirmações taxativas. Com essa ressalva, observe-se que existem dois textos de Getúlio, ou a ele atribuídos, redigidos em dias diferentes. O primeiro constituiria a carta-testamento, esboçada nos primeiros dias de agosto, em escrito datilografado e a pedido do presidente, por José Soares Maciel Filho, que ocupara postos administrativos relevantes no governo e era seu amigo íntimo. Segundo Maciel Filho, o documento, que continha muitos espaços, destinava-se à hipótese de renúncia do presidente, e não ao suicídio. Tudo indica que a carta foi retocada ou teve parágrafos incluídos pelos íntimos de Getúlio logo após a sua morte.

O segundo documento, bem mais curto que o primeiro, foi manuscrito por Getúlio horas antes da morte. É importante ressaltar o tom contrastante das duas cartas. A primeira é heroico-afirmativa, o que condiz com a circunstância de ter sido rascunhada em momento menos dramático e enxertada para fins visivelmente políticos. A segunda expressa o desalento de quem decidiu pôr fim à vida. Nela, Getúlio se declara vítima dos inimigos, rancorosos e gratuitos, dos amigos que não o defenderam, dos hipócritas e traidores a quem beneficiou; e espera "que o sangue de um inocente sirva para aplacar a ira dos fariseus". O texto se encerra com uma frase vaga e reticente sobre a reação popular: "A resposta do povo virá mais tarde...".

Por outro lado, comparando os dois textos do ângulo de sua eficácia histórica, constatamos que o último foi praticamente esquecido, em nítido contraste com o que ocorreu com a carta-testamento, na designação tão oportuna de Osvaldo Aranha. Para efeitos práticos e simbólicos, a carta-testamento é um legado autêntico do presidente morto, uma referência básica do trabalhismo, a ponto de ter sido incorporada ao programa do PTB. Não é por acaso que ela teve esse alcance, pois combina todos os elementos do mito Getúlio, com grande dramaticidade, deitando raízes no mito fundador do cristianismo. No discurso sacroprofano, surge a figura do herói salvador, que tudo fez no interesse do povo mas foi impedido pelos inimigos de prosseguir na sua obra, restando-lhe oferecer ao povo seu sangue. A fusão entre o sangue de sua pessoa e o sangramento da nação surge numa frase extraordinária: "Se as aves de rapina querem o sangue de alguém, querem continuar sugando o povo brasileiro, eu ofereço em holocausto a minha vida". São acusados também os inimigos do povo externos e internos — os grupos internacionais aliados aos nacionais, revoltados contra as leis trabalhistas —, apontando-se as razões de sua ação maléfica. Aqui não se faz alusões obscuras a "forças terríveis", como faria o presidente Jânio Quadros em sua desastrada renúncia. O peso das acusações recai em inimigos explícitos — entre eles os privilegiados que combateram a lei de lucros extraordinários, a revisão do salário mínimo, a Petrobras, a criação da Eletrobras; e os que "nos pressionaram quando tentamos defender o preço do café".

O sacrifício em defesa do nacionalismo, cujos tons mais radicais a carta anuncia, articula-se com o sacrifício em defesa dos trabalhadores e principalmente dos humildes. Apesar de uma breve passagem em que fala de um povo que "queda desamparado" com sua morte, Getúlio insiste na união e na libertação populares: "Era escravo do povo e hoje me liberto para a vida eterna. Mas esse povo de quem fui escravo não mais será escravo de ninguém. Meu sacrifício ficará para sempre em sua alma, e meu sangue será o preço de seu resgate".

O remate final é tecido com frases curtas e contundentes:

Lutei contra a espoliação do Brasil. Lutei contra a espoliação do povo. Tenho lutado de peito aberto. O ódio, as infâmias e as calúnias não abateram meu ânimo. Eu vos dei a minha vida. Agora vos ofereço a minha morte. Nada receio. Serenamente dou o primeiro passo no caminho da eternidade e saio da vida para entrar na história.

A carta-testamento eliminou na imaginação popular a possibilidade, com tanta frequência levantada em outras situações, de que o líder dos humildes tivesse sido diretamente assassinado pelos poderosos. Mas indiretamente eles foram taxados de criminosos, pois haviam encurralado Getúlio de todas as formas, levando-o ao suicídio. O suicídio, desse modo, não era um ato covarde, condenado inclusive pela religião, pois não tinha essa característica de autodestruição, e sim de um gesto de supremo sacrifício e de redenção. Mesmo assim, Rodolfo Cavalcanti, autor de cordel, tratou de enfrentar a questão do pecado cometido por Getúlio perante a religião. Encenou seu julgamento na entrada do céu, tendo são Libório como seu acusador e, em sua defesa, nada mais, nada menos do que a Virgem Santíssima. A certa altura, Jesus Cristo em pessoa surge na cena, ouve as explicações de Getúlio e o absolve do pecado, abrindo-lhe as portas do céu.

A história de Getúlio não termina com sua morte. É preciso ampliá-la numa breve sequência, pois se há exagero em dizer que os mortos governam os vivos, nem por isso eles deixam de projetar sua presença em dias futuros.
De saída, a morte de Getúlio, como foi visto, frustrou seus inimigos e deu novo alento aos seus seguidores, em particular ao PTB. O vice-presidente, Café Filho, que tomou posse na Presidência, inclinara-se claramente pelos partidários da renúncia e pela estreita colaboração com a UDN. Mas ele duraria pouco no poder, e já nas eleições legislativas de outubro de 1954, ao contrário do que esperava, a UDN sofreu sério revés, de que o PTB,

entretanto, não foi o maior beneficiário. No Rio Grande do Sul foram derrotados o ideólogo do trabalhismo Alberto Pasqualini, candidato a governador, e João Goulart, candidato a senador.

Getulismo e antigetulismo não morriam com Getúlio, e iriam se digladiar, com novos ingredientes e em novos contextos, até 1964. Se o mito Getúlio se tornou poderoso, ocorreu o mesmo com o antimito, desde 1932, embora tecido com fios mais frouxos. Se para seus seguidores Getúlio encarnava múltiplas virtudes, para a oposição, por trás de cada gesto de seus herdeiros políticos, perfilava-se sua herança genética — o autoritarismo do caudilho dos pampas.

Getúlio se tornou um ícone do PTB, nos anos que medeiam entre sua morte e o golpe de 1964. Na medida em que setores ponderáveis do partido tomaram o caminho da denúncia do imperialismo e da defesa das reformas de base, o conteúdo mais radical da carta-testamento serviu-lhes como um vetor básico.

Os típicos herdeiros do getulismo não foram os políticos mais doutrinários, como Alberto Pasqualini — que morreria pouco depois de Getúlio —, Fernando Ferrari, também morto precocemente, Sergio Magalhães ou San Tiago Dantas. Todos esses nomes, cada um à sua maneira, tiveram como ponto comum conferir maior consistência ideológica ao trabalhismo ao tentar dar-lhe uma feição social-democrata, tendo ainda como um de seus pressupostos conferir maior autonomia ao partido nas suas relações com o Estado. Facções nacionalistas radicais — como foi o caso, no Congresso Nacional, do chamado "grupo compacto", que guardou distância do governo Goulart — e principalmente figuras pragmáticas, muitas delas encasteladas na burocracia sindical e nos institutos de previdência, caracterizaram o PTB pós-Vargas.

Dentre os personagens pragmáticos, destacaram-se como herdeiros do líder João Goulart e Leonel Brizola, profundamente ligados a ele por laços pessoais e políticos, embora na origem familiar tivessem histórias bastante diferentes. Nascido em São Borja, em 1919, Jango era filho de um rico estancieiro, industrial e comerciante, ardoroso seguidor de Borges de Medeiros que pegara em armas contra os federalistas em 1923.

Brizola, nascido no povoado de Cruzinha, perto de Passo Fundo, em 1922, pertencia a uma família de pequenos lavradores, e seu pai, José de Oliveira Brizola, morreu em combate na Revolução Federalista, integrado nas forças chefiadas por Assis Brasil. Apesar de saírem de meios social e politicamente opostos, ambos iriam se encontrar em 1945, como jovens admiradores de Getúlio, no momento da formação do PTB. Tornaram-se parentes por afinidade quando, em 1950, Brizola casou-se com a irmã de Jango, Neusa Goulart, sendo Getúlio padrinho desse casamento. Ambos fizeram carreiras no PTB marcadas por divergências pessoais e políticas, pois, entre outros aspectos, Jango sempre foi menos impulsivo e menos radical que o cunhado.

Além de ocupar postos ministeriais no governo Vargas, Jango chegou à Presidência da República, após a renúncia de Jânio Quadros, e esteve no centro dos agitados anos 1963-64, sendo deposto, como se sabe, pelo golpe militar de 1964. Exilado no Uruguai, participou da Frente Ampla, movimento político lançado por Carlos Lacerda e integrado, entre outros, por Juscelino Kubitschek, e que tinha por objetivo a restauração da democracia. O acordo entre Lacerda e Jango provocou, aliás, a oposição de Brizola e da família de Getúlio. Depois do fracasso da Frente Ampla, Jango afastou-se progressivamente da vida política. Morreu vítima de ataque cardíaco, em sua fazenda, no município argentino de Mercedes, em dezembro de 1976. O regime militar, sob o governo do general Geisel, colocou restrições à notícia de sua morte e ao transporte do corpo para território brasileiro. Por fim ele foi sepultado no cemitério de São Borja, numa cerimônia que reuniu por volta de 30 mil pessoas.

Brizola viveu por mais tempo, e chegou a lançar-se em aventuras como a guerrilha da serra de Caparaó, no início do governo militar. Seu horizonte ideológico foi sempre o nacional-desenvolvimentismo e os traços autoritários, ambos inspirados na figura de Getúlio. Depois de anos de exílio, Brizola regressou ao Brasil em setembro de 1979, com a decretação da anistia, e logo tratou de reorganizar o PTB. Essa tentativa foi cortada por uma iniciativa de Ivete Vargas, sobrinha-neta de Getúlio, adversária dos brizolistas, que se antecipou em registrar a legenda, no TSE, em nome de seu grupo.

Ao perder a legenda a que estava historicamente associado, Brizola fundou o Partido Democrático Trabalhista (PDT), do qual foi o cacique-mor, afastando todos aqueles que lhe fizeram sombra. Sempre fiel ao ideário getulista, combateu acremente, em nome do nacional-desenvolvimentismo, a política econômica dos governos de Fernando Henrique e Lula. Foi um dos raros políticos que não fizeram qualquer ressalva a Getúlio, a ponto de ir pessoalmente colocar flores em seu túmulo todos os anos, no aniversário da implantação do Estado Novo.

A candidatura à Presidência da República, em 1989, representou o momento de maiores possibilidades, e ao mesmo tempo de inflexão para baixo, na carreira de Brizola. Na campanha, referiu-se sempre à sua condição de discípulo de Getúlio e admitiu governar com "os conservadores lúcidos", a exemplo de seu mentor, "que fazia muitas vezes política de esquerda com gente de direita". Quase chegou ao segundo turno para enfrentar Fernando Collor, perdendo para Lula por uma diferença de 0,5%. Daí para a frente, a carreira de Brizola entrou em gradativo declínio, embora tenha sido eleito governador do Rio de Janeiro, aliás pela segunda vez. Sua morte, em junho de 2004, que teve intensa repercussão, representou o fim do último autêntico herdeiro político de Getúlio.

FIM DA ERA VARGAS?

A indagação sobre o fim da Era Vargas integra os debates do presente. O simples emprego dessa expressão, em maiúsculas, mostra a importância das transformações institucionais do país, no curso das presidências de Getúlio. Liga-se também à influência ou persistência de pressupostos ideológicos, como o autoritarismo — explícito no Estado Novo, implícito em outros anos — e o nacional-desenvolvimentismo.

Uma resposta em preto e branco seria inadequada. Muitas instituições do período Vargas não resistiram aos novos tempos, mas seria exagerado dizer que ocorreu um desmonte em tal grau que nada subsiste de pé. Vejamos alguns exemplos de continuidade. Em primeiro lugar, a manutenção da estrutura sindical corporativa, nas suas linhas básicas — vigência do princípio do sindicato único, representativo de uma categoria profissional, e do imposto sindical —, que atravessou regimes democráticos e autoritários. Também tiveram continuidade vários dispositivos da CLT, embora outros tantos tenham deixado de existir. Com relação a este último aspecto, um bom exemplo é o da estabilidade no emprego após dez anos de serviço, benefício extinto no início do governo militar, em busca de dar maior flexibilidade, como se costuma dizer, às relações de trabalho. Por outro lado, muitos direitos permaneceram, e o salário mínimo veio para ficar, apesar de estar longe de atender às necessidades básicas, como se imaginou quando de sua introdução.

O sistema previdenciário se manteve em suas grandes linhas, ainda que, de fonte de recursos para investimentos públicos e favores governamentais, tenha se transformado em uma das principais causas do déficit fiscal. Mais ainda, persistiu a diferença no tratamento das aposentadorias dos trabalhadores do setor privado e do serviço público, que se originou da legislação dos anos 30, com o objetivo de criar uma burocracia estável e com amplos direitos.

Num terreno bem mais sombrio, vale lembrar os ecos de uma prática getulina "aperfeiçoada" pelo regime militar a partir de 1964. A instituição de uma polícia política e, principalmente, os métodos repressivos sistemáticos, lançados em especial contra os comunistas, com o emprego inclusive da tortura, prenunciaram aquilo que ocorreu, em escala bem maior, nos tempos do regime militar.

Mas muita coisa proveniente da Era Vargas foi desmontada. Se o nacional-desenvolvimentismo provavelmente fez sentido em outros tempos, hoje carece de bases materiais, embora se mantenha, em alguns círculos, como instrumento ideológico. A burguesia nacional internacionalizada é outra; outro é o significado de uma classe operária atingida pelo desemprego, pela informalidade do trabalho, pelo avanço dos serviços e de novas tecnologias; outro também é o Estado, que já não tem forças nem motivos para ser o polo central do crescimento econômico. Tudo isso serve para indicar que a empresa estatal passou a ser uma exceção, muitas vezes carregada de simbolismo, como é o caso da Petrobras; que as privatizações não são obra da malignidade deste ou daquele governante, mas uma opção derivada das condições do mundo da globalização.

Por outro lado, entrando em terreno mais fluido, caberia perguntar que lugar tem a memória de Getúlio nos setores letrados, entre os especialistas e na grande massa? Por sua própria natureza, não há respostas com contornos definidos para essa questão. Quanto aos primeiros, um indicador se encontra na celebração dos cinquenta anos da morte de Getúlio, que ecoou na mídia com grande impacto. Significativamente, nos textos jornalísticos, o enaltecimento da figura de Getúlio como estadista predominou sobre a lembrança do autoritarismo e das violências de seu primeiro e longo governo.

No campo acadêmico, persistem os debates sobre o significado dos tempos de Getúlio, tendo relevância, entre muitos temas, a discussão sobre a validade e a natureza do conceito de populismo. Importante chave conceitual para alguns, o populismo é visto com muitas ressalvas por outros, quem sabe ecoando a frase do polemista infatigável que foi Leonel Brizola ao aludir ao populismo como "uma invenção da sociologia paulista".

Entre a grande massa, tudo indica que a memória de Getúlio de algum modo se preservou, associada à figura do líder que protegeu os humildes e doou a legislação trabalhista.

O tempo, porém, tende a borrar os traços da lembrança, a não ser quando ela é recuperada no processo educativo e, em alguma medida, nos "lugares de memória" — estátuas, bustos e museus. No caso de Getúlio, um museu expressivo, pelo que contém e pelo que oculta, está instalado no terceiro andar do Museu da República — o antigo Palácio do Catete.

Sobe-se ao andar por uma escada estreita, em que se é comprimido por uma parede em que estão inscritas, sobre tijolos de cerâmica, assinaturas de pessoas que foram a seu velório. Quase sempre apenas nomes, mas de quando em quando afirmações pesarosas ou indignadas: "Últimas homenagens ao grande homem público"; "Gratidão por todos os seus esforços e lutas pelo povo pobre de nossa terra"; "Meu mais solene e veemente protesto contra os que traíram o dr. Getúlio". Adiante, um Getúlio quase sempre de riso aberto nas fotografias, em inaugurações de obras, comícios e tantos outros atos públicos. O riso chega a se converter em gargalhada, em dupla com Roosevelt, ambos desfilando em carro aberto.

Da leveza ao drama. O quarto sóbrio, composto de uma cama baixa, de espaldar alto, as duas mesinhas de cabeceira, os móveis simples, o longo canapé coberto por um desgastado tecido verde. Sobre uma cômoda, os ponteiros de um relógio parado marcam a hora do suicídio. Fora do quarto, duas peças expressivas: lado a lado, o revólver cor de prata brilhante e o pijama de listras, em cores discretas, com o monograma GV. O tecido está chamuscado, com um pequeno rasgo na altura do coração, por onde a bala penetrou.

Mas mesmo num museu destinado a cultuar a figura de Getúlio aparecem traços de seu lado mais negativo, ressignificados com o decorrer do tempo. É o caso de uma tela de grandes proporções, em que ele aparece de pé, quase de corpo inteiro, vestido de terno escuro, contrastante com o colete branco e a gravata-borboleta da mesma cor. Na mão direita, segura um volume de capa vermelha, onde se destaca o título: Constituição de 1937.

Complexidades e contradições de um personagem central na história do Brasil contemporâneo, que, quem sabe num desafio irônico para que se tentasse entendê-lo, deixou em seu diário esta referência: "Gosto mais de ser interpretado do que de me explicar".

Cronologia

1882 Nascimento de Getúlio Vargas, na Fazenda Triunfo, nas proximidades de São Borja, no Rio Grande do Sul.
Fundação do Partido Republicano Rio-grandense (PRR).
1889 Proclamação da República. O marechal Deodoro assume a Presidência, sendo logo substituído por Floriano Peixoto.
1890 Eleições para a Assembleia Constituinte.
1891 Promulgada a primeira Constituição da República.
1892 O líder positivista Júlio de Castilhos, chefe do PRR, é eleito presidente do Rio Grande do Sul.
1893 Irrompe no Rio Grande do Sul a Revolução Federalista, opondo federalistas e republicanos numa luta feroz.
1895 Fim da Revolução Federalista, com a vitória do PRR.
1898 Getúlio vai estudar em Ouro Preto, onde se encontravam seus irmãos Viriato e Protásio.
Após o chamado crime de Ouro Preto, praticado por Viriato, Getúlio retorna ao Rio Grande do Sul, onde tenta a carreira militar.

1903 Morte de Júlio de Castilhos. Duas figuras passam a controlar o PRR: Pinheiro Machado e Borges de Medeiros. Getúlio abandona a carreira militar e ingressa na Faculdade de Direito.

1907 Formação do bloco castilhista, em apoio ao candidato oficial à presidência do Rio Grande. Getúlio se destaca entre seus membros que iriam constituir a chamada geração de 1907.

1909 Protegido por Borges de Medeiros, Getúlio é nomeado promotor público, e logo em seguida é eleito deputado estadual, obtendo sucessivos mandatos.

1911 Casamento civil de Getúlio com Darcy Lima Sarmanho.

1914 Início da Primeira Guerra Mundial.

1915 O senador Pinheiro Machado é assassinado no Rio de Janeiro.

1917 Inicia-se um período de grandes greves operárias nas maiores cidades brasileiras, a partir da greve geral de São Paulo, no mês de junho.
Navios brasileiros são torpedeados pelos alemães. O Brasil declara guerra à Alemanha e seus aliados.

1918 Fim da Primeira Guerra Mundial.

1922 Revolta tenentista do Forte de Copacabana, em 5 de julho. Fundação do Partido Comunista do Brasil (PCB).
Getúlio é eleito deputado federal.

1923 Borges de Medeiros tenta reeleger-se pela quinta vez presidente do Rio Grande. Revolução Federalista contra o continuísmo do PRR. Em dezembro, o Tratado de Pedras Altas — acordo entre republicanos e federalistas — põe fim à revolução.
Getúlio toma posse da cadeira de deputado federal.

1924 Levante tenentista em São Paulo, em 5 de julho. No Rio Grande do Sul, Luís Carlos Prestes e Siqueira Campos iniciam também um levante. O encontro dos revol-

tosos paulistas e gaúchos resulta na formação da Coluna Prestes.
1926 Fundado em São Paulo o Partido Democrático (PD).
1927 A Coluna Prestes se dispersa, e a maioria de seus integrantes se interna na Bolívia.
1929 Formação da Aliança Liberal, em oposição à candidatura de Júlio Prestes, indicado pelo presidente Washington Luís. Lançada pela Aliança a candidatura de Getúlio Vargas.
Início da grande crise econômica mundial.
1930 Júlio Prestes é eleito presidente da República nas eleições de março.
João Pessoa, candidato derrotado à Vice-Presidência na chapa da Aliança Liberal, é assassinado no Recife.
Luís Carlos Prestes rompe com os tenentes e se declara comunista.
Irrompe a revolução de 1930 no Rio Grande do Sul e no Nordeste, em 3 de outubro.
A cúpula militar depõe Washington Luís. Getúlio assume a Presidência da República, em 3 de novembro.
Criados os ministérios do Trabalho, Indústria e Comércio e da Educação e Saúde Pública.
1931 O governo Vargas decide queimar estoques invendáveis de café. Expandem-se a produção de algodão e o setor industrial.
Centralização do governo: o Código dos Interventores estabelece o controle dos estados pelo poder central.
São tomadas medidas de modernização do ensino médio e superior.
Suspensão do pagamento da dívida externa, reescalonada até 1934. Monopólio do câmbio pelo Banco do Brasil.
Baixadas normas de proteção e nacionalização do trabalho, assim como de controle dos sindicatos.

Estreita aproximação entre a Igreja e o Estado. Inauguração da estátua do Cristo Redentor.

O movimento tenentista, organizado no Clube 3 de Outubro, apoia o governo. Nomeação de "tenentes" para várias interventorias.

1932 O PD rompe com Getúlio.

Promulgado o novo Código Eleitoral, que cria a justiça eleitoral.

Revolução paulista, iniciada em 9 de julho. Após uma luta de quase três meses, os revolucionários são derrotados pelo Exército.

Fundada a organização parafascista Ação Integralista Brasileira (AIB), sob a chefia de Plínio Salgado.

1933 Getúlio e Darcy saem feridos de um acidente na rodovia de Petrópolis.

Em maio, eleições à Assembleia Constituinte.

Intensifica-se o comércio entre o Brasil e a Alemanha.

1934 Edição do Código de Minas e Energia.

Promulgada a Constituição de 1934, em 16 de julho.

Getúlio é eleito presidente da República por voto indireto, com mandato de quatro anos.

Getúlio e Darcy Vargas formalizam seu casamento na esfera religiosa.

Começa a ser transmitido pelo rádio um programa oficial do governo, que tomaria a denominação de *Hora do Brasil*.

1935 Lançada publicamente a Aliança Nacional Libertadora (ANL), sob inspiração do PCB, na ilegalidade.

Aprovada a Lei de Segurança Nacional e dissolvida a ANL.

Insurreição comunista em novembro. Os revoltosos são derrotados, abrindo-se um período de dura repressão, em que a tortura é institucionalizada.

1936 Criado o Tribunal de Segurança Nacional, destinado a

julgar, sumariamente, os envolvidos na insurreição comunista e pessoas de esquerda.

Prisão de Luís Carlos Prestes e sua mulher, Olga Benário. Olga é deportada para a Alemanha, onde morreria, anos depois, na câmara de gás.

Prisão de deputados e de um senador. Suspensas imunidades parlamentares.

1937 Lançadas as candidaturas de Armando de Salles Oliveira, José Américo de Almeida e Plínio Salgado às eleições presidenciais de 1938.

Circulares secretas do Itamarati restringem a entrada de judeus no Brasil.

"Descoberta" do Plano Cohen, suposta tentativa de golpe comunista.

Suspensão do pagamento da dívida externa.

Golpe do Estado Novo, em 10 de novembro. Promulgação da Carta de 1937.

Getúlio assume poderes ditatoriais. Os generais Gaspar Dutra e Góis Monteiro tornam-se os condestáveis do regime.

1938 Criado o Conselho Nacional do Petróleo.

Um setor do movimento integralista, marginalizado por Getúlio, lança em maio um ataque ao Palácio Guanabara, sendo por fim liquidado. Integralistas são fuzilados nos jardins do palácio.

O governo brasileiro assina acordo para o fornecimento de armas ao país pela fábrica alemã Krupp.

Fundação da União Nacional dos Estudantes (UNE).

1939 Em setembro, início da Segunda Guerra Mundial.

Criado o Departamento de Imprensa e Propaganda (DIP), que estabelece a censura nos meios de comunicação.

Organiza-se a Justiça do Trabalho.

Ganha corpo a política populista de Getúlio. Primeiro comício de 1º de maio, no estádio do Vasco da Gama.

As principais regiões alemãs do Sul do país são ocupadas por forças do Exército, no âmbito de uma política de nacionalização.

1940 Discurso de Getúlio no couraçado *Minas Gerais* é interpretado como manifestação de apoio aos países do Eixo.

Criada a Companhia Siderúrgica Nacional. Decidida a implantação de uma indústria de aço em Volta Redonda.

A polícia invade o jornal *O Estado de São Paulo*, que sofre intervenção até o fim da ditadura.

Getúlio enfatiza a necessidade de povoamento de "áreas vazias", lançando a Marcha para Oeste.

Criado o imposto sindical, como contribuição obrigatória devida por empregados e empregadores.

1942 Em janeiro, o Brasil rompe relações diplomáticas com os países do Eixo, após o torpedeamento de navios mercantes. Técnicos e alguns fuzileiros navais americanos chegam a bases aéreas do Nordeste.

Acordos comerciais entre Brasil e Estados Unidos (Acordos de Washington).

Novos torpedeamentos de navios mercantes brasileiros. Grandes manifestações populares de protesto. Em agosto, o Brasil declara guerra à Alemanha e à Itália.

Instituída a reforma do ensino, denominada de Reforma Capanema.

1943 Promulgada a Consolidação das Leis do Trabalho (CLT). Getúlio fixa o salário mínimo, previsto desde a Constituição de 1934.

Morre Getulinho, o filho mais novo de Getúlio e Darcy, vítima de poliomielite.

O chamado "Manifesto dos Mineiros" defende a volta do país à democracia.

Getúlio encontra-se com o presidente Roosevelt, em Natal.
Acordo para o pagamento da dívida externa.

1944 Os primeiros contingentes da Força Expedicionária Brasileira (FEB) são enviados à Itália.
Início da chamada Batalha da Borracha, com o envio de milhares de trabalhadores à Amazônia.
Criada a Coordenação da Mobilização Econômica, para organizar o esforço de guerra.
Agravamento do quadro inflacionário.

1945 Em entrevistas aos jornais *Correio da Manhã* e *O Globo*, José Américo de Almeida lança a candidatura do major-brigadeiro Eduardo Gomes à Presidência da República.
O governo perde o apoio da cúpula militar.
Getúlio baixa o chamado Ato Adicional, prevendo a realização de eleições para a Presidência da República e o Legislativo.
Repressão policial a manifestações estudantis em favor da democracia.
Lançada a candidatura do general Eurico Gaspar Dutra à Presidência da República.
Criada a União Democrática Nacional (UDN), como partido de oposição.
Fim da Segunda Guerra Mundial. Multidões recebem os pracinhas de volta da Itália.
Criado o Partido Social Democrático (PSD), como um dos braços do getulismo.
Outro braço do getulismo cria o Partido Trabalhista Brasileiro (PTB).
Surge, no Rio de Janeiro, o movimento queremista, defendendo a permanência de Getúlio no poder e a possibilidade de ele se candidatar às futuras eleições presidenciais. Aproximação entre trabalhistas e comunistas.
Formalizadas as relações entre o Brasil e a União Soviética.

Concedida anistia aos presos políticos. O PCB se torna partido legal.

Lei dos Atos Contrários à Economia Nacional — a chamada Lei Malaia —, com o objetivo de impedir a formação de trustes e a ação de açambarcadores.

Getúlio marca eleições gerais para 2 de dezembro.

Getúlio nomeia seu controvertido irmão Bejo para a chefia de polícia do Distrito Federal, em substituição a João Alberto, despertando forte oposição.

O Exército depõe Getúlio da Presidência da República, em 29 de outubro. Toma posse na Presidência, interinamente, o ministro do Supremo Tribunal Federal (STF), José Linhares.

Com o apoio de última hora do presidente deposto, o general Dutra é eleito presidente da República.

Estrondosa votação de Getúlio para os cargos de deputado e senador, por vários estados. Getúlio decide-se pelo Senado, mas fica alheio às discussões na Assembleia Constituinte para a promulgação de uma nova Constituição.

1946 Promulgada a Constituição da República, em 18 de setembro.

Passando a maior parte de seu tempo em São Borja, Getúlio começa a opor-se ao governo Dutra.

1947 Início da Guerra Fria. O Tribunal Superior Eleitoral (TSE) cancela o registro do PCB. O Brasil rompe relações com a União Soviética.

Inaugurada a usina de Volta Redonda.

1948 Cassação dos mandatos dos deputados comunistas.

1949 Lançamento das candidaturas às eleições presidenciais de 1950: Getúlio pelo PTB; Eduardo Gomes pela UDN; Cristiano Machado pelo PSD.

1950 Em 3 de outubro, Getúlio elege-se pela primeira vez presidente da República pelo voto direto, tendo como vice-presidente Café Filho, indicado pelo Partido Social Progressista (PSP), de Adhemar de Barros.

1951 Getúlio toma posse na Presidência da República.
Aumento do nível do salário mínimo.
Lançado plano econômico formulado pelo ministro Horácio Lafer.
Getúlio envia ao Congresso o projeto de criação da Petrobras. Surge o movimento popular pelo monopólio da exploração do petróleo, sob o lema "O petróleo é nosso".

1952 Criado o Banco Nacional de Desenvolvimento Econômico (BNDE), mais tarde intitulado BNDES.
Assinado o acordo militar Brasil–Estados Unidos, sujeito a ratificação pelo Congresso.
A chapa Cruzada Democrática, chamada de entreguista, vence a corrente nacionalista nas eleições do Clube Militar.

1953 Grandes greves de trabalhadores em São Paulo (Greve dos 300 mil).
Sancionada a Lei de Segurança Nacional, visando a combater o comunismo e manifestações subversivas.
Jânio Quadros é eleito para a prefeitura de São Paulo.
Getúlio nomeia João Goulart (Jango) para o Ministério do Trabalho.
Aprovada pelo Congresso a criação da Petrobras, com feição mais nacionalista que a do projeto inicial.
Introduzido o chamado confisco cambial, que favorece a indústria em detrimento do setor exportador.
Intensa campanha contra o governo Getúlio, acusado de corrupção e de encaminhar-se para a instituição de um regime semelhante ao de Perón, na Argentina.

1954 A proposta de Jango de elevação de 100% do salário mínimo tem como resposta o Manifesto dos Coronéis, denunciando o comunismo e as distorções salariais. Jango é demitido do Ministério do Trabalho.

Getúlio decreta a elevação de 100% do salário mínimo, em 1º de maio.

Crime da rua Tonelero, no Rio de Janeiro, tramado pela guarda pessoal de Getúlio. O alvo do atentado — Carlos Lacerda — sai apenas ferido, mas é morto o major Rubens Florentino Vaz, da Aeronáutica.

Pressão de setores militares e da oposição pela renúncia de Getúlio. Manifesto dos generais insiste nesse caminho. Getúlio suicida-se com um tiro no peito, no Palácio do Catete.

Referências bibliográficas

Ao longo do livro, utilizei amplamente o fundamental *Dicionário histórico-biográfico brasileiro* (coordenado por Alzira Alves de Abreu, Israel Beloch e outros. 2. ed. Rio de Janeiro: FGV, 5 vols.), que cito apenas em algumas passagens quando há transcrições *ipsis litteris*. Em especial, ver o verbete "Getúlio Vargas", escrito por Paulo Brandi.

    De 1930 até 1942, a palavra pessoal de Getúlio tem por base seu diário (Rio de Janeiro/São Paulo: Siciliano/FGV, 1995, 2 vols.).

    O resumo da história do Rio Grande do Sul deve muito ao livro de Joseph L. Love *Rio Grande do Sul and Brazilian Regionalism, 1882-1930* (Stanford University Press, 1971). Para o positivismo gaúcho, utilizei o mencionado Love; Ricardo Vélez Rodrígues, *Castilhismo: Uma filosofia da República* (Brasília: Senado Federal, 2000); Sérgio da Costa Franco, *Getúlio Vargas e outros ensaios* (Porto Alegre: UFRG, 1993). Sobre as características do PRR, apoiei-me em Pedro Cezar Dutra

Fonseca, Vargas: *O capitalismo em construção* (São Paulo: Brasiliense, 1987); Sandra Jatahy Pesavento, *História do Rio Grande do Sul* (2. ed. Porto Alegre: Marco Aberto); e Helgio Trindade e Maria Izabel Noll, *Rio Grande da América do Sul. Partidos e eleições* (1823-1990) (Porto Alegre: UFRG, 1991).

A descrição do crime de Ouro Preto, assim como a da morte de Benjamim Torres, baseou-se, sobretudo, no livro de Juremir Machado da Silva, *Getúlio* (Rio de Janeiro: Record, 2004), que, embora seja ficcional, apoia-se em muitos fatos reais. Para referências à sociabilidade dos jovens em Porto Alegre no início do século XIX, utilizei principalmente João Neves da Fontoura, *Memórias. Borges de Medeiros e seu tempo* (Porto Alegre: Globo, 1958).

Para os anos de Getúlio como presidente do Rio Grande do Sul, ver o livro citado de Dutra Fonseca, do qual foram extraídos trechos de discurso em defesa da intervenção do Estado na área econômica, e, especialmente, o texto de Gunter Axt, *O governo Getúlio Vargas no Rio Grande do Sul* (1928-1930).

A plataforma da Aliança Liberal se encontra em Getúlio Vargas, *A nova política do Brasil* (Rio de Janeiro: José Olympio, 1938-47, 11 vols.).

Dados sobre o crescimento da indústria nos anos 30 encontram-se em Annibal Villanova Villela e Wilson Suzigan, *Política do governo e crescimento da economia brasileira — 1889--1945* (Rio de Janeiro: Ipea/Inpes, 1973). Para dívida externa, ver os mencionados Villela e Suzigan; e Francisco Luiz Corsi, *Estado Novo: Política externa e projeto nacional* (São Paulo: Edunesp, 2001). Para as relações entre o governo Vargas e a indústria, assim como com o setor bancário, ver Maria Antonieta P. Leopoldi, "Estratégias empresariais em conjunturas de mudança política", *in* Dulce Pandolfi (org.), *Repensando o Estado Novo* (Rio de Janeiro: FGV, 1999). Um discurso de Getúlio sobre o sentido do nacionalismo se encontra em A *nova política do*

Brasil, já citado. Dados sobre restrições de gastos dos estados, logo após a revolução de 1930, em Boris Fausto, *História do Brasil* (1. ed. São Paulo: Edusp, 1994). Para a questão previdenciária e de saúde pública, Gilberto Hochman e Cristina O. Fonseca, "O que há de novo? Políticas de saúde pública e previdência, 1937-1945", *in Repensando o Estado Novo*, já citado. Para a relação entre Igreja e Estado, ver Ralph Della Cava, "Igreja e Estado no Brasil do século xx", *in Estudos Cebrap* n. 12 (abril-junho de 1975). Referência de Getúlio ao papel dos militares, nos primeiros tempos de seu governo, encontra-se em Costa Franco, já citado. Acerca da marginalização da elite política de São Paulo, Vavy Pacheco Borges, *Getúlio Vargas e a oligarquia paulista* (1926-1932) (São Paulo: Brasiliense, 1979). Para o Exército, em idêntico período, José Murilo de Carvalho, "Forças Armadas e política, 1930-1945", *in A revolução de 30. Seminário Internacional* (UnB, 1982). A figura do general Góis Monteiro é descrita por Alzira Vargas do Amaral Peixoto em *Getúlio Vargas, meu pai* (Porto Alegre: Globo, 1960). Sobre as bancadas na Constituinte de 1933-34, Angela Maria de Castro Gomes e outros, *Regionalismo e centralização política. Partidos e Constituinte nos anos 30* (Rio de Janeiro: Nova Fronteira, 1980).

Crescimento da Aliança Nacional Libertadora, em Robert Levine, *The Vargas Regime. The Critical Years, 1934-1938* (Columbia University Press, 1970). Para a repressão ao levante comunista de 1935, R. S. Rose, *Uma das coisas esquecidas*: Getúlio Vargas e controle social no Brasil, 1930-1954 (São Paulo: Companhia das Letras, 2000). O assalto ao Palácio Guanabara, episódio da tentativa de golpe integralista em 1938, está tratado em Alzira Vargas do Amaral Peixoto, já citada. A carta enviada por Plínio Salgado a Getúlio encontra-se em Hélio Silva, *1938: Terrorismo em campo verde* (Rio de Janeiro: Civilização Brasileira, 1971). A vida cotidiana nas cidades brasileiras, no curso da Segunda Guerra Mundial, baseia-se em Roney Cytrynowicz,

Guerra sem guerra. A mobilização e o cotidiano em São Paulo durante a Segunda Guerra Mundial (São Paulo: Edusp, 2000).

A proclamação de Getúlio ao povo brasileiro, ao implantar o Estado Novo, encontra-se em *A nova política do Brasil*, já citado, vol V. As justificativas por escrito do golpe do Estado Novo, citadas no texto, encontram-se em Hélio Silva, *1937 — Todos os golpes se parecem* (Rio de Janeiro: Civilização Brasileira, 1971) e *A nova política do Brasil*, já citado. Para a defesa do corporativismo e atuação de órgãos como o CTEF, Ângela Maria de Castro Gomes, *A invenção do trabalhismo* (2. ed. Rio de Janeiro: Relume-Dumará, 1994); Eli Diniz, *Empresário, Estado e capitalismo no Brasil: 1930/1945* (Rio de Janeiro: Paz e Terra, 1978). Sobre a reforma administrativa no Estado Novo, utilizei o texto de Beatriz Wahrlich, *in Dicionário histórico-biográfico brasileiro*, já citado. Para a política internacional do Brasil no período 1920-45, apoiei-me em Amado Luiz Cervo e Clodoaldo Bueno, *História da política exterior do Brasil* (2. ed. Brasília: UnB, 2002); Luiz Alberto Moniz Bandeira, *Conflito e integração na América do Sul. Brasil, Argentina e Estados Unidos, 1870-2001*; Gérson Moura, "A revolução de 1930 e a política externa brasileira: ruptura ou continuidade?", *in A revolução de 30. Seminário internacional*; e Francisco Luiz Corsi, já citado.

Sobre a FEB, para os aspectos menos conhecidos, utilizei os textos "E a cobra fumou!", de Luís Felipe da Silva Neves, e "A guerra em tempos de paz", de Francisco César Alvez Ferraz, *in Nossa História* n. 15 (janeiro de 2005).

Para o desenvolvimento econômico no Estado Novo, Francisco Luiz Corsi; Jorge Miguel Mayer, verbete no *Dicionário histórico-biográfico brasileiro*, já citado; Marcelo de Paiva Abreu, "A economia brasileira e a Segunda Guerra Mundial: o setor externo", *in* Paulo Neuhaus (org.), *Economia brasileira: Uma visão histórica* (Rio de Janeiro: Campus, 1980).

A letra do samba "O bonde de São Januário" foi extraída de Lilia Moritz Schwarcz, "Nem preto, nem branco, muito pelo contrário: cor e raça na intimidade", em *História da vida privada no Brasil* (vol. 4. São Paulo: Companhia das Letras, 1998). Os versos de elogio a Getúlio, na literatura de cordel, foram obtidos em Orígenes Lessa, *Getúlio Vargas na literatura de cordel* (Rio de Janeiro: Documentário, 1973). Sobre o papel desempenhado pelo ministro da Educação Gustavo Capanema, Angela de Castro Gomes (org.), *Capanema: O ministro e seu ministério* (Rio de Janeiro: FGV, 2000). Referências ao sistema educativo no Estado Novo, em Helena Bomeny, "Três decretos e um ministério: a propósito da educação no Estado Novo", *in Repensando o Estado Novo*, já citado. As observações sobre a arquitetura no período baseiam-se em Geraldo Edson de Andrade, "Arquitetura e urbanismo: Reação e modernismo", *in Getúlio Vargas e seu tempo* (Rio de Janeiro: BNDES, 2005).

A utilização propagandística do futebol do Brasil na Copa do Mundo de 1938 encontra-se em Fábio Fanzini, "Quando a pátria calçou chuteiras", *in Revista de História da Biblioteca Nacional*, ano 1, n. 7 (janeiro de 2006).

Para o papel do rádio na louvação do Estado Novo, ver Sônia Virgínia Moreira, "Getúlio Vargas e o rádio: convergência de histórias", *in* Ana Baum (org.), *Vargas, agosto de 1954. A história contada pelas ondas do rádio* (Rio de Janeiro: Garamond, 2004). Para a construção do trabalhismo, Angela Castro Gomes, *A invenção do trabalhismo*, já citado. Sobre o Estado Novo e a chamada Marcha para Oeste, Otávio Velho, *Capitalismo autoritário e campesinato* (São Paulo: Difel, 1976). A discussão sobre raça no Estado Novo baseia-se em Boris Fausto, *O pensamento nacionalista autoritário* (Rio de Janeiro: Jorge Zahar, 2001); Lilia Moritz Schwarcz e Roney Cytrynowicz, já citados, e Jeffrey Lesser, *O Brasil e a questão judaica* (Rio de Janeiro: Imago, 1995). Para indicações da relação direta entre Getúlio e as camadas populares, pela via da correspondência, ver Jorge Ferreira, *Trabalhadores do Brasil: O imaginário popular* (Rio de Janeiro: FGV, 1997). Os dados sobre Darcy Vargas foram obtidos principalmente em Ivana Guilherme Simili, *Mulher e política: A trajetória da primeira-dama Darcy Vargas* (1930-1945), tese de doutoramento defendida na Unesp, em Assis, São Paulo, em 2004.

Os programas dos principais partidos que surgiram na democratização de 1945 encontram-se em Edgard Carone, *A Terceira República* (1937-1945) (São Paulo: Difel, 1982). Para o quadro econômico, na conjuntura de 1945-46, ver Maria Antonieta O. Leopoldi, *Política e interesses: As associações industriais, a política econômica e o Estado* (São Paulo: Paz e Terra, 2000); e Francisco Luiz Corsi, já citado.

A cena da destituição de Getúlio baseia-se, entre outros, em John W. F. Dulles, *Getúlio Vargas. Biografia política* (Rio de Janeiro: Renes, 1967). A narrativa de Hermes Lima sobre o aspecto desolador do comício da UDN em São Paulo, em 1945, está transcrita em Maria Victoria de Mesquita Benevides, *A UDN e o udenismo: Ambigüidades do liberalismo brasileiro* (1945-1965) (Rio de Janeiro: Paz e Terra, 1981). Sobre o PSD, ver Lucia Hippolito, *De raposas e reformistas: O PSD e a experiência democrática brasileira* (1945-1964) (Rio de Janeiro: Paz e Terra, 1985).

Para as relações Brasil–Argentina no segundo governo Vargas, utilizei Moniz Bandeira e Hamilton Pereira, *Sob os olhos de Perón. O Brasil de Vargas e as relações com a Argentina* (Rio de Janeiro: Record, 2005). Trecho de uma fala de Afonso Arinos contra Getúlio em 1954 foi extraído de Helio Silva, *1954: Um tiro no coração* (Rio de Janeiro: Civilização Brasileira, 1978). A cena do quarto de Getúlio, logo após o suicídio, é descrita em Juremir Machado da Silva, já citado. A análise mais sugestiva das cartas-testamento de Getúlio está em José Murilo de Carvalho, "As duas mortes de Getúlio Vargas", *in Pontos e bordados* (Belo Horizonte: UFMG, 1998).

Bibliografia

"A revolução de 30". Seminário realizado pelo Centro de Pesquisa e Documentação de História Contemporânea do Brasil da Fundação Getúlio Vargas (FGV). Brasília: UnB, 1983.

ABREU, Alzira Alves de e outros. *Dicionário histórico-biográfico brasileiro*. 2. ed. Rio de Janeiro: FGV, 2001. 5 vols.

ABREU, Marcelo de Paiva. "A dívida pública externa do Brasil, 1931-1943". *In Pesquisa e Planejamento Econômico*, Rio de Janeiro, junho de 1975.

____. "A economia brasileira e a Segunda Guerra Mundial: O setor externo". *In* NEUHAUS, Paulo (org.). *Economia brasileira: Uma visão histórica*. Rio de Janeiro: Campus, 1980.

____. "O Brasil e a economia mundial (1929-1945)". *In* FAUSTO, Boris (org.). *História geral da civilização brasileira (Economia e cultura)*. São Paulo: Difel, 1984. vol. 4.

AGUIAR, Ronaldo Conde. *A morte de GV*. Rio de Janeiro: Casa da Palavra, 2004.

ARAÚJO, Maria Celina D'. *Sindicatos, carisma e poder. O PTB de 1945 a 1965*. Rio de Janeiro: FGV, 1996.

____. *O segundo governo Vargas (1951-1954): Democracia, partidos e crise política*. Rio de Janeiro: Zahar, 1982.

____. *A era Vargas*. São Paulo: Moderna, 2004.

ARAÚJO, Maria Celina D'. (org.). *As instituições brasileiras da era Vargas*. Rio de Janeiro: FGV/ UERG, 2001.

ARAÚJO, Rosa Maria Barbosa de. *O batismo do trabalho. A experiência de Lindolfo Collor*. Rio de Janeiro: Civilização Brasileira, 1981.

AXT, Gunter. "O governo Getúlio Vargas no Rio Grande do Sul (1928-1930) e o setor financeiro regional". In *Estudos Históricos* no 29. Rio de Janeiro, 2002.

BAUM, Ana (org.). *Vargas, agosto de 1954: A história contada pelas ondas do rádio*. Rio de Janeiro: Garamond, 2004.

BENEVIDES, Maria Victoria Mesquita. *A UDN e o udenismo: Ambigüidades do liberalismo brasileiro (1945-1965)*. Rio de Janeiro: Paz e Terra, 1981.

BEOZZO, José Oscar. "A Igreja entre a revolução de 1930, o Estado Novo e a redemocratização". In FAUSTO, Boris (org.), *História geral da civilização brasileira*. São Paulo: Difel, 1984. vol. 4.

BODÉA, Miguel. *A greve geral de 1917 e as origens do trabalhismo gaúcho*. Porto Alegre: LP&M, 1979.

____. *Trabalhismo e populismo no Rio Grande do Sul*. Porto Alegre: UFRGS, 1992.

BOMENY, Helena (org.). *Constelação Capanema: Intelectuais e política*. Rio de Janeiro: fgv, 2001.

____. *Guardiães da razão: Modernistas mineiros*. Rio de Janeiro: UFRJ, 1994.

BORGES, Vavy Pacheco. *Getúlio Vargas e a oligarquia paulista (1926-1932)*. São Paulo: Brasiliense, 1979.

BRANDI, Paulo. *Vargas: Da vida para a história*. Rio de Janeiro: Jorge Zahar, 1983.

CANCELLI, Elisabeth. *O mundo da violência (A política da era Vargas)*. Brasília: UnB, 1993.

CAPELATO, Maria Helena R. *Multidões em cena: Propaganda política no varguismo e no peronismo*. Campinas: Papirus, 1998.

CARNEIRO, Glauco. *Luzardo, o último caudilho*. Rio de Janeiro: Nova Fronteira, 1977-78. 2 vols.

CARONE, Edgard. *A Segunda República (1930-1937)*. São Paulo: Difel, 1973.

____. *O Estado Novo (1937-1945)*. São Paulo: Difel, 1977.

____. *A Quarta República (1945-1964)*. São Paulo: Difel, 1979.

CARVALHO, José Murilo de. "Forças Armadas e política, 1930-1945". In *A revolução de 30. Seminário internacional*. Brasília: UnB, 1982.

CERVO, Amado Luiz; e BUENO, Clodoaldo. *História da política exterior do Brasil*. 2. ed. Brasília: UnB, 2002.

CONNIFF, Michael L. *Urban Politics in Brazil. The Rise of Populism* (1925--1945). Pittsburgh: University of Pittsburgh Press, 1981.

CORSI, Francisco Luiz. *Estado Novo: Política externa e projeto nacional*. São Paulo: Edunesp, 2001.

COUTINHO, Lourival. *O general Góis depõe*. 3. ed. Rio de Janeiro: Coelho Branco, 1956.

CYTRYNOWICZ, Roney. *Guerra sem guerra (A mobilização e o cotidiano em São Paulo durante a Segunda Guerra Mundial)*. São Paulo: Edusp, 2000.

DELGADO, Lucília de Almeida Neves. *PTB. Do getulismo ao reformismo* (1945-1964). São Paulo: Marco Zero, 1989.

DINIZ, Eli. *Empresário, Estado e capitalismo no Brasil: 1930/1945*. Rio de Janeiro: Paz e Terra, 1978.

DULLES, John W. Foster. *Getúlio Vargas: Biografia política*. Rio de Janeiro: Renes, 1974.

ERICKSON, Kenneth Paul. *Sindicalismo no processo político no Brasil*. São Paulo: Brasiliense, 1979.

FAUSTO, Boris. *A revolução de 1930. Historiografia e história*. 16. ed. São Paulo: Companhia das Letras, 1977.

____ (org.). *História geral da civilização brasileira. Período republicano*. São Paulo: Difel, 1974-84. 4 vols.

____. *História do Brasil*. 1. ed. São Paulo: Edusp, 1994.

FERREIRA, Jorge (org.). *O populismo e sua história*. Rio de Janeiro: Civilização Brasileira, 2001.

____. *Trabalhadores do Brasil: O imaginário popular*. Rio de Janeiro: FGV, 1997.

____. *O imaginário trabalhista: Getulismo, PTB e cultura política popular* (1945-1964). Rio de Janeiro: Civilização Brasileira, 2005.

FGV. *A era Vargas. 1º tempo: dos anos 20 a 1945*. CD-Rom, 1997. ver <www.cpdoc.fgv.br>.

FONSECA, Pedro Cezar Dutra da. *Vargas: O capitalismo em construção*. São Paulo: Brasiliense, 1987.

FONTOURA, João Neves da. *Memórias. Borges de Medeiros e seu tempo*. Porto Alegre: Globo, 1958.

FRANCO, Sérgio da Costa. *Getúlio Vargas e outros ensaios*. Porto Alegre: UFRGS, 1993.

FRISCHAUER, Paul. *Presidente Vargas*. São Paulo: Companhia Editora Nacional, 1943.

GOMES, Angela Maria de Castro. *História e historiadores* (A *política cultural no Estado Novo*). Rio de Janeiro: FGV, 1996.

____. *A invenção do trabalhismo*. 2. ed. Rio de Janeiro: Relume-Dumará, 1994.

____ (org.). *Capanema: O ministro e seu ministério*. Rio de Janeiro: FGV, 2000.

____ (org.). *Regionalismo e centralização política: Partidos e Constituinte nos anos 30*. Rio de Janeiro: Nova Fronteira, 1980.

____ (org.). *Vargas e a crise dos anos 50*. Rio de Janeiro: Relume-Dumará, 1994.

____. "A construção de mitos e os usos do passado nacional: Vargas e Perón", *in História* n. 16. São Paulo, 1997.

____ e ARAÚJO, Maria Celina D'. *Getulismo e trabalhismo*. São Paulo: Ática, 1989.

____; PANDOLFI, Dulce; e ALBERTI, Verena (orgs.). *A República no Brasil*. Rio de Janeiro: Nova Fronteira, 2001.

GOULART, Silvana. *Verdade oficial*. Porto Alegre: Marco Zero, 1984.

GRAHAM, Lawrence L. *Civil Service Reform in Brazil: Principles Versus Practice*. Austin: University of Texas, 1968.

GRILL, Igor Gastal. "Parentesco, redes e carisma: A 'herança trabalhista' e a competição política no Rio Grande do Sul" (1980-2002). Texto apresentado no encontro da Associação Brasileira de Ciência Política. Rio de Janeiro, 2004.

HENRIQUES, Afonso. *Ascensão e queda de Getúlio Vargas*. Rio de Janeiro: Record, 1966. 3 vols.

HILTON, Stanley. *O Brasil e as grandes potências* (1930-1939): *Os aspectos políticos da rivalidade comercial*. Rio de Janeiro: Civilização Brasileira, 1977.

HIPPOLITO, Lucia. *De raposas e reformistas: O PSD e a experiência democrática brasileira* (1945-1964). Rio de Janeiro: Paz e Terra, 1985.

HORTA, José Silvério Baia. *O hino, o sermão e a ordem do dia: A educação no Brasil* (1930-1945). Rio de Janeiro: UFRJ, 1994.

IANNI, Otávio. *O colapso do populismo no Brasil*. 2. ed. Rio de Janeiro: Civilização Brasileira, 1968.

LACERDA, Carlos. *Depoimento*. 3. ed. Rio de Janeiro: Nova Fronteira, 1987.

LACERDA, Claudio. *Uma crise de agosto: O atentado da rua Tonelero*. Rio de Janeiro: Nova Fronteira, 1994.

LEOPOLDI, Maria Antonieta P. *Política e interesses: As associações industriais, a política econômica e o Estado*. São Paulo: Paz e Terra, 2000.

LESSA, Orígenes. *Getúlio Vargas na literatura de cordel*. Rio de Janeiro: Documentário, 1977.

LESSER, Jeffrey. *O Brasil e a questão judaica*. Rio de Janeiro: Imago, 1995.

LEVINE, Robert M. *Regime de Vargas: Os anos críticos (1934-1938)*. Rio de Janeiro: Nova Fronteira, 1980.

_____. *Pai dos pobres? O Brasil e a era Vargas*. São Paulo: Companhia das Letras, 2001.

LIMA SOBRINHO, Alexandre José Barbosa. *A verdade sobre a Revolução de Outubro*. 2. ed. São Paulo: Alfa-Ômega, 1975.

LINS, Ivan. *História do positivismo no Brasil*. São Paulo: Companhia Editora Nacional, 1964.

LOVE, Joseph L. *O regionalismo gaúcho e as origens da revolução de 1930*. São Paulo: Perspectiva, 1975.

LOWENSTEIN, Karl. *Brazil Under Vargas*. Nova York: The Macmillan Company, 1942.

MACHADO, Francisco Zenha. *Os últimos dias do governo de Vargas: A crise política de agosto de 1954*. Rio de Janeiro: Luz, 1955.

MAINWARING, Scott. *A Igreja católica e a política no Brasil (1916-1985)*. São Paulo: Brasiliense, 1989.

MOISÉS, José Álvaro. *Greve de massa e crise política: Estudos da Greve dos 300 mil em São Paulo*. São Paulo: Polis, 1978.

NOGUEIRA FILHO, Paulo. *Ideais e lutas de um burguês progressista: O Partido Democrático e a revolução de 1930*. 2. ed. Rio de Janeiro: José Olympio, 1965. 2 vols.

OLIVEIRA, Lúcia Lippi; VELLOSO, Mônica Pimenta; e GOMES, Angela Maria Castro. *Estado Novo: Ideologia e poder*. Rio de Janeiro: Zahar, 1982.

PANDOLFI, Dulce (org.). *Repensando o Estado Novo*. Rio de Janeiro: FGV/CPDOC, 1999.

PEIXOTO, Alzira Vargas do Amaral. *Getúlio Vargas, meu pai*. Porto Alegre: Globo, 1960.

PEREIRA, Hamilton. *Sob os olhos de Perón: O Brasil de Vargas e as relações com a Argentina*. Rio de Janeiro / São Paulo: Record, 2005.

PESAVENTO, Sandra Jatahy. *Rio Grande do Sul: A economia e o poder nos anos 30*. Porto Alegre: Mercado Aberto, 1980.

_____. *História da Assembleia Legislativa do Rio Grande do Sul*. Porto Alegre: Assembleia Legislativa do Estado do Rio Grande do Sul, 1992.

_____. *Borges de Medeiros*. Porto Alegre: IEL, 1991.

R. S., Rose. *Uma das coisas esquecidas: Getúlio Vargas e o controle social no Brasil, 1930-1954*. São Paulo: Companhia das Letras, 2001.

RODRIGUES, Leôncio Martins. "Sindicalismo e classe operária (1930-1945)".

In FAUSTO, Boris (org.), *O Brasil republicano (Sociedade e política)*. São Paulo: Difel, 1981, vol. 3.

____. "O PCB: Os dirigentes e a organização", idem.

RODRIGUES, Ricardo Vélez. *Castilhismo: Uma filosofia da República*. Brasília: Senado Federal, 2000.

SCHWARTZMAN, Simon; BOUSQUET, Helena; e COSTA, Vanda Maria Ribeiro. *Tempos de Capanema*. São Paulo: Edusp/Paz e Terra, 1984.

SEITENFUS, Ricardo Antônio Silva. *O Brasil de Getúlio Vargas e a formação dos blocos, 1930-1942: O processo de envolvimento brasileiro na II Guerra Mundial*. São Paulo / Brasília: Nacional / INL, 1985.

SILVA, Hélio. *1930: A revolução traída*. Rio de Janeiro: Civilização Brasileira, 1933.

____. *1931: Os tenentes no poder*. Rio de Janeiro: Civilização Brasileira, 1966.

____. *1932: A guerra paulista*. Rio de Janeiro: Civilização Brasileira, 1967.

____. *1933: A crise do tenentismo*. Rio de Janeiro: Civilização Brasileira, 1969.

____. *1934: A Constituinte*. Rio de Janeiro: Civilização Brasileira, 1969.

____. *1935: A revolta vermelha*. Rio de Janeiro: Civilização Brasileira, 1969.

____. *1937: Todos os golpes se parecem*. Rio de Janeiro: Civilização Brasileira, 1970.

____. *1938: Terrorismo em campo verde*. Rio de Janeiro: Civilização Brasileira, 1971.

____. *1939: Véspera da guerra*. Rio de Janeiro: Civilização Brasileira, 1972.

____. *1942: Guerra no continente*. Rio de Janeiro: Civilização Brasileira, 1972.

____. *1944: O Brasil na guerra*. Rio de Janeiro: Civilização Brasileira, 1974.

____. *1945: Por que depuseram Vargas?* Rio de Janeiro: Civilização Brasileira, 1976.

____. *1954: Um tiro no coração*. Rio de Janeiro: Civilização Brasileira, 1978.

SILVA, Raul Mendes; CACHAPUZ, Paulo Brandi; e LAMARÃO, Sérgio. *Getúlio Vargas e seu tempo*. Rio de Janeiro: BNDES, 2005.

SKIDMORE, Thomas E. *Brasil: De Getúlio Vargas a Castelo Branco, 1930--1964*. Rio de Janeiro: Saga, 1969.

SOUSA, Maria do Carmo Campelo de. *Estado e partidos políticos no Brasil (1930-1964)*. São Paulo: Alfa-Ômega, 1976.

STEPAN, Alfred. *Os militares na política*. Rio de Janeiro: Artenova, 1975.

TOTA, Antonio Pedro. *O imperialismo sedutor: A americanização do Brasil na época da Segunda Guerra*. São Paulo: Companhia das Letras, 2000.

TRINDADE, Hélgio e NOLL, Maria Izabel. *Rio Grande da América do Sul. Partidos e eleições* (1823-1990). Porto Alegre: UFRG, 1991.

VARGAS, Getúlio. *A nova política do Brasil*. Rio de Janeiro: José Olympio, 1938-47, 11 vols.

____. *Diário*. Rio de Janeiro/São Paulo: Siciliano/FGV, 1995. 2 vols. (1 vol.: 1930-36; 2 vol.: 1937-42).

____. *O governo trabalhista do Brasil*. Rio de Janeiro: José Olympio, 1952, 1954, 1969. 4 vols.

VELHO, Otávio Guilherme. *Capitalismo autoritário e campesinato*. São Paulo: Difel, 1976.

VELLOSO, Mônica Pimenta. *Os intelectuais e a política cultural do Estado Novo*. Rio de Janeiro: FGV/CPDOC, 1987.

VERGARA, Luís. *Fui secretário de Getúlio Vargas*. Porto Alegre: Globo, 1960.

WAINER, Samuel. *Minha razão de viver: Memórias de um repórter*. Rio de Janeiro: Record, 1987.

WEFFORT, Francisco C. *O populismo na política brasileira*. Rio de Janeiro: Paz e Terra, 1986.

WIRTH, John D. *A política de desenvolvimento na era de Vargas*. Rio de Janeiro: FGV, 1973.

Índice onomástico

Alberto, João, 61, 63, 130, 145, 154, 212
Aleixo, Pedro, 144
Almeida, Climério Euribes de, 186, 187, 188
Almeida, Guilherme de, 105
Almeida, José Américo de, 78, 79, 80, 146, 209, 211
Almeida, Rômulo de, 170
Almirante (cantor), 115, 125
Alves, Ataulfo, 117
Alves, Rodrigues, 30
Amaral, Azevedo, 119, 130
Andrada, Antônio Carlos Ribeiro de, 35
Andrada, José Bonifácio Lafayette de, 182
Andrade, Almir de, 119
Andrade, Oswald de, 124

Aranha, Osvaldo, 26, 38-9, 44-6, 57, 66, 81, 96-7, 100-2, 104, 139, 143, 145, 174, 176, 190, 192, 194
Ataíde, João Martins de, 118
Ávila, Ednardo d', 185

Babo, Lamartine, 115, 125
Baleeiro, Aliomar, 148, 182
Balzac, Honoré de, 24
Barbosa, Horta, 111, 184
Barbosa, Ruy, 18
Barron, Victor Allen, 74, 77
Barros, Adhemar de, 85, 138, 162, 165, 174, 213
Barroso, Ary, 105, 117, 125
Barroso, Gustavo, 71
Batista, Linda, 126
Batista, Wilson, 117

Benário, Olga, 74, 77, 133, 209
Bentes, Euler, 185
Berle Jr., Adolfo, 151, 157
Bernardes, Artur, 30, 144
Bevilacqua, Peri, 189
Bonfim, Antônio Maciel, 73, 78
Borba, Emilinha, 125
Borghi, Hugo, 128, 158, 159, 161
Bouças, Valentim, 54, 93
Braga, Odilon, 81
Braguinha (compositor), 127
Brasil, Assis, 19, 20, 31, 32, 34, 37, 62, 198
Britto, Chermont de, 83
Brizola, José de Oliveira, 198
Brizola, Leonel, 197, 198, 199, 202

Café Filho, João, 163, 196, 213
Caffery, Jefferson, 101, 102, 151
Campo, Carlos Ibañez del, 178
Campos, Francisco, 57, 79, 104, 119, 132, 139, 144
Campos, Mílton, 144, 148, 161
Capanema, Gustavo, 57, 120, 124, 210
Cárcano, Ramón, 81
Cardoso, Adauto Lúcio, 144, 182
Cardoso, Ciro do Espírito Santo, 184
Cardoso, Fernando Henrique, 199
Cardoso, Maurício, 26, 62
Carvalho, Ronald de, 122
Castelo Branco, Humberto de Alencar, 189
Castilhos, Júlio de, 17, 18, 19, 20, 22, 24, 205, 206
Castro, Caiado de, 190
Castro, Leite de, 60
Cavalcanti, Lima, 81
Cavalcanti, Rodolfo, 196
Chabloz, Pierre, 113
Chamorro, Antônio, 180
Chateaubriand, Assis, 133, 152, 162, 183

Churchill, Winston, 141
Cirilo Jr., 162
Cleofas, João, 182
Coelho, Danton, 169, 180, 187, 190
Collor, Fernando, 156, 199
Collor, Lindolfo, 26, 49, 62
Comte, Augusto, 16, 17, 50
Corbusier, Le, 120
Costa, Artur de Sousa, 45, 46, 97, 101, 111, 138
Costa, Canrobert Pereira da, 189
Costa, Fernando, 138, 147
Costa, Lúcio, 120
Costa, Miguel, 61
Costa, Zenóbio da, 184, 190
Cunha, Flores da, 26, 67, 78, 80
Cunha, Vasco Leitão da, 104

Dantas, San Tiago, 197
De Graaf, Johann, 74
Dimitrov, Georges, 73
Disney, Walt, 118
Dodsworth, Henrique, 147
Dornelles, Cândida, 22
Dornelles, Dinarte, 23
Duarte, Paulo, 167
Dutra, Eurico Gaspar, 26, 55, 65, 74, 79-80, 89, 97, 102-3, 106, 122, 137, 139, 145-7, 149, 154, 157-62, 164-5, 168-9, 171, 174-5, 180, 183, 209, 211-2

Elias, Manuel, 146
Etchegoyen, Alcides, 184
Ewert, Arthur Ernst, 73, 77

Farias, Cordeiro de, 138, 154, 168
Farquhar, Percival, 112
Ferrari, Fernando, 197

Figueiredo, Euclides, 136, 137
Fiúza, Iedo, 158, 159
Flaubert, Gustave, 24
Fonseca, Deodoro da, 19, 205
Fonseca, Hermes da, 29
Fontes, Lourival, 116, 126
Fontoura, João Neves da, 26, 27, 33, 39, 46, 66, 146, 158, 169, 177, 186
Fortunato, Gregório, 84, 186
Fournier, Severo, 137
Franco, Afonso Arinos de Melo, 144, 148, 188
Franco, Afrânio de Melo, 95
Franco, Virgílio de Melo, 39, 144, 148
Freyre, Gilberto, 119
Frota, Sílvio, 185

Ghioldi, Rodolpho, 74
Góis, Coriolano de, 138
Gomes, Eduardo, 146, 159, 163, 183, 189, 190, 211, 212
Gonçalves, Carlos Barbosa, 25
Goulart, João, 156, 178, 181, 182, 185, 186, 192, 197, 198, 213, 214
Goulart, Neusa, 198
Gudin, Eugênio, 153, 175
Guinle, Guilherme, 93

Isabel, princesa, 83
Itararé, Barão de, 41

Jango ver Goulart, João
João VI, d., 14
Jobim, Valter, 161

Kruel, Amauri, 185
Kubitschek, Juscelino, 198

Lacerda, Carlos, 72, 148, 158, 166, 182, 186-9, 191, 198, 214
Lacerda, Fernando, 73
Lacerda, Sérgio, 187
Lafer, Horácio, 93, 169, 170, 174, 213
Lan (caricaturista), 183
Lane, Virgínia, 87
Leal, Estillac, 168, 169, 184
Leme, Sebastião, 56, 58
Lima, Negrão de, 80
Lins, Etelvino, 146
Lobo, Haroldo, 166
Lodi, Euvaldo, 54, 187
Lopes, Aimée Simões, 87, 88
Lopes, Luís Simões, 87, 94
Lott, Henrique, 189
Luís, Washington, 32, 33, 35, 36, 37, 41, 42, 43, 53, 60, 83, 156, 207
Lula ver Silva, Luiz Inácio Lula da
Luzardo, Batista, 39, 59, 178

Machado Filho, Alexandre Marcondes, 139, 141, 142, 144, 147, 149
Machado, Caetano, 73
Machado, Cristiano, 163, 165, 212
Machado, Pinheiro, 24, 26, 206
Maciel Filho, José Soares, 122, 194
Maciel, Olegário, 46, 67
Magalhães, Agamenon, 146, 147, 152
Magalhães, Juracy, 81
Magalhães, Sergio, 197
Mangabeira, Otávio, 136, 161
Marín, Carlos García, 178
Marshall, George, 101
Martins, Carlos, 100
Martins, Gaspar Silveira, 15, 19
Medeiros, Borges de, 24-7, 30-1, 33-5, 39, 50, 68-9, 198, 206
Melo, Nelson de, 184
Mesquita Filho, Júlio de, 136

Miranda, Aurora, 118
Miranda, Carmen, 118
Monteiro, Pedro Aurélio de Góis, 26, 39, 59, 65, 79, 97, 101-2, 139, 145, 154, 177, 209
Morais, Mascarenhas de, 105, 189
Morais, Mendes de, 187
Morais, Prudente de, 22
Mota, Hélio, 144
Mourão Filho, Olímpio, 79
Müller, Filinto, 76, 97, 104, 137

Nascimento, Alcino João do, 186, 187, 188
Neves, Paulo Baeta, 148
Neves, Tancredo, 190, 192
Niemeyer, Oscar, 120
Niemeyer, Otto, 44
Novelli Jr., Luís Gonzaga, 162

Oliveira, Armando de Salles, 78, 80, 136, 138, 146, 209
Oliveira, Dalva de, 126
Ortiz, Ricardo, 100
Osório, Manuel Luís, 15

Paim Filho, Firmino, 26, 36
Paiva, Manso de, 25
Pasqualini, Alberto, 148, 161, 197
Peçanha, Nilo, 30
Pedro I, d., 14
Pedro II, d., 15, 22, 156, 157
Peixoto, Ernâni Amaral, 97, 147
Peixoto, Floriano, 22, 205
Pena, Afonso, 30
Pena Jr., Afonso, 144
Pereira, Hamilton, 178
Perón, Juan, 102, 178, 182, 186, 213
Pessoa, Epitácio, 30, 138

Pessoa, João, 36, 39, 90, 207
Pessoa, Pantaleão, 73
Pilsudski, marechal, 79
Pinto, Bilac, 148, 182
Pinto, Magalhães, 148
Pinto, Marino, 166
Pongetti, Henrique, 125
Prado, Carlos de Almeida, 23
Prestes, Anita, 77
Prestes, Júlio, 35, 36, 41, 90, 207
Prestes, Luís Carlos, 38, 72, 77, 150, 206, 207, 209

Quadros, Jânio, 165, 180, 195, 198, 213
Queiroz, Andrade, 122

Rabelo, Manuel, 143
Raimundo, Nélson, 187
Ramos, Graciliano, 119
Ricardo, Cassiano, 119, 129
Roosevelt, Franklin Delano, 84, 98, 99, 100, 105, 122, 133, 141, 202, 211
Rossi, Spartaco, 105

Sá, Aimée Sotto Mayor
  ver Lopes, Aimée Simões
Saint-Simon, Henri de, 16, 24
Saldanha, Gaspar, 28
Sales, Valter Moreira, 55
Salgado Filho, 49
Salgado, Plínio, 71, 78, 80, 136, 164, 208, 209
Sana Khan (vidente), 85
Sarmanho, Alzira de Lima, 28
Sarmanho, Antônio, 28, 35
Sarmanho, Darcy Lima
  ver Vargas, Darcy

Sarmento, Sizeno, 185
Silva, Golbery do Couto e, 185
Silva, Luiz Inácio Lula da, 199
Silveira, Guilherme da, 93
Simonsen, Roberto, 54, 153
Soares, Átila, 86
Sodré, Nelson Werneck, 119
Sousa Filho, Demócrito de, 146
Spencer, Herbert, 24
Stettinius, Edward, 150
Stuchevski, Pavel, 74

Távora, Juarez, 40, 59, 189, 190
Telles, Mário Rolim, 159
Thorez, Maurice, 73
Togliatti, Palmiro, 73
Toledo, Pedro de, 63
Torelly, Aparício, 41
Torres, Benjamim, 23, 27
Tsé-Tung, Mao, 73

Valadares, Benedito, 80, 138, 147
Vargas, Alzira, 23, 28, 29, 57, 97, 122, 137, 155, 190
Vargas, Benjamim, 22, 84, 137, 154, 190
Vargas, Darcy, 28, 29, 58, 67, 83, 87, 88, 123, 143, 206, 208, 210
Vargas, Espártaco, 22
Vargas, Evaristo José, 22
Vargas, Getúlio ("Getulinho", filho de Getúlio Vargas), 29, 67, 142, 210
Vargas, Jandira, 29
Vargas, Lutero, 22, 29, 187
Vargas, Manuel Antônio, 29
Vargas, Manuel do Nascimento, 22, 27, 189, 190
Vargas, Protásio, 22, 23, 58, 181, 205
Vargas, Viriato, 22, 23, 27, 205

Vaz, Rubens Florentino, 187, 214
Vergara, Luiz, 122, 140
Viana, José Segadas, 148, 149, 180
Viana, Oliveira, 119, 130
Vidigal, Gastão, 55, 147
Villa-Lobos, Heitor, 120

Wainer, Samuel, 133, 162, 183
Welles, Sumner, 96, 102
Whitaker, José Maria, 43, 44, 61

Esta obra foi composta
por warrakloureiro
em Electra e impressa pela
Gráfica Paym em ofsete
sobre papel pólen
da Suzano S.A.
para a Editora Schwarcz
em julho de 2025

A marca FSC® é a garantia de que a madeira utilizada na fabricação do papel deste livro provém de florestas que foram gerenciadas de maneira ambientalmente correta, socialmente justa e economicamente viável, além de outras fontes de origem controlada.